그렇게 물어보면
원하는 답을
들을 수 없습니다

김호 지음

그렇게 물어보면
원하는 답을
들을 수 없습니다

상대의 마음을 움직이는 센스 있는 질문

위즈덤하우스

'인생 질문'을 던져준,
그리고 매일 아침저녁으로 내게 질문을 던지는 은령에게.

질문에서 질문으로 대화를 이어가는 힘

'먹히는' 말이 있고 '막히는' 말이 있습니다. 어떤 메시지는 나의 뜻이 상대방에게까지 도달하고 행동 변화도 유도하지만, 어떤 메시지는 내 입을 떠났을 뿐 상대방의 마음이나 행동에는 아무런 변화도 만들지 못하고 막혀버린다는 뜻입니다. 여러분이 회의나 행사를 진행하는데 15분 동안 휴식 시간을 알려야 하는 상황이라고 생각해보지요. 어떤 사람은 "지금부터 15분 동안 쉬겠습니다"라고 말합니다. 또 어떤 사람은 "지금 3시 30분인데요. 3시 45분까지 쉬겠습니다"라고 말합니다. 말하는 사람 입장에서는 두 가지 모두 15분 동안의 휴식을 알리는 것이지만, 듣는 사람 입장에서는 후자로 이야기했을 때 훨씬 더 명료하고, 따라서 제시간에 돌아오는 비율이 더 높습니다. 영어에서 무엇을 말하느냐보다 어떻게 이야기하느냐가 중요하다는 뜻으로 "It's not what you say, it's how you say it"이라는 말이 있습니다. 어떤 메시지를 어떻게 전달하는가에 따라 내가 의도한 변화를 만드는 데 성공하기도 하고 실패하기도 합니다.

그렇다면 질문은 어떨까요? "이 세상에 바보 같은 질문은 없다"는 말이 있습니다. 많은 사람이 이야기했고 《코스모스》로 유명한 칼 세이건도 그의 다른 저서 《악령이 출몰하는 세상》에서 이야기한 바 있습니다. 물론입니다. 모르는 것이 있을 때는 두려워하지 말고 물어보는 것이 좋습니다. 하지만 이 말은 질문을 지식을 얻는 수단으로만 생각했을 때 그렇습니다. 질문이 직장이나 삶에서 설득과 관계 형성에 얼마나 큰 역할을 하는지 알고 나면 우리 생각은 달라지게 됩니다. 이런 맥락에서 질문을 바라보면 이 세상에 바보 같은 질문들은 꽤 많이 있습니다. 그렇게 엉성하게 질문을 던지면 우리가 원하는 것을 얻을 수 없습니다. 질문을 던지는 좀 더 똑똑한 방법을 구체적으로 알려드리고, 그래서 원하는 것을 얻을 수 있는 가능성을 높여드리는 것이 바로 이 책을 쓴 이유입니다.

프로젝트 진행 중 상사에게 "현재 진행상황에 대해 어떻게 생각하세요?"라고 의견을 묻는 것보다 "현재 진행상황은 이런데요. 앞으로 잘 마무리할 수 있도록 조언을 부탁드려도 될까요?"라고 묻는 것이 더 낫습니다. 잠깐, 무엇을 위해 더 낫다는 것일까요? 네, 중요한 질문입니다. 내가 진행 중인 프로젝트에 상사의 지지를 좀 더 받기 위해 더 낫습니다. 여기에는 심리학적인 이유가 있는데요. 자세한 이유는 본문에서 상세하게 말씀드릴게요.

여러분이 물건 값을 깎고 싶다면, "이것 좀 깎아주시겠어요?"라고 묻는 것보다는 "이것 좀 싸게 사고 싶은데 도움 주실 수 있는 방법이 있을까요?"라거나 "이것을 제가 조금이라도 싸게 살 수 있도록 도와주실 수 있을까요?"라고 물어보는 것이 더 좋습니다.

20년 넘는 커뮤니케이션 컨설팅과 코칭 경험을 바탕으로 앞서 책으로 펴냈던 사과, 거절에 이어 이번에는 질문에 대해 쓴 책을 내놓습니다. 여기에는 중요한 이유가 있습니다. 제 고객은 주로 기업의 다양한 분야에서 일하는 경우가 많습니다.

많은 분들이 회사 내에서 좀 더 커뮤니케이션을 잘하고 싶어 합니다. 소통을 더 잘하고 싶은 분들에게 제가 가장 강조하는 것은 대화를 질문으로 이어가보라는 것입니다. 실제 이런 과제를 드리기도 합니다. 30분의 티타임, 1시간 동안의 식사를 하면서 질문을 던지고, 상대방이 이야기하면 잘 듣고 있다가 또 꼬리를 물고 질문을 하도록요. 이 과정에서 우리는 생각지 않았던 정보와 아이디어를 얻게 되기도 합니다.

질문으로 대화를 이끌어가는 것이 쉽게 보일지 모르지만 상당한 자제력(원하는 게 있을수록 말이 많아질 수 있거든요!)과 기술(주제와 관련해 한 가지 질문을 던지는 것은 쉬울지 모르지만 후속 질문을 이어나가는 것은 만만치 않은 일이랍니다!)을 필요로 합니다. 더 나아가 '적극적'으로 듣는다는 것(이를 액티브 리스닝active listening이라고 합니다)은 상대방의 이야기를 내 경험이나 기준으로 판단하지 않으면서 온전히 상대방에 집중해서 듣는다는 것인데, 이것이 쉽다면 아마도 우리 사회나 많은 조직에서 소통으로 인한 문제의 대부분(숫자로 말하라면 90%!)이 없어질 것입니다.

소통을 잘한다는 의미에서 '대화력'이란 것이 있다면 이는 질문에 질문으로 이어가면서 대화를 이어가는 힘이 될 것입니다. 물론 자신의 의견도 명확하게 밝히는 것이 중요하지만, 대화에서 우리는 이미 너무 많은 말을 하고 있거나 아예 침묵하고 있습니다. 말을 많이 하는 분들도, 혹은 너무 안 하는 분들도 질문을 더 할 수 있고, 더 좋은 질문을 던질 수 있습니다.

더 좋은 질문을 던지면 무엇이 좋은지 궁금하시다고요? 훌륭한 질문입니다! 질문을 어떻게 던지는지에 따라 여러분은 원하는 것을 얻을 수도 있고, 그러지 못할 수도 있습니다. 저는 제 고객(승진한 지 6개월이 된 박 과장이라고 하지요)으로 하여금 인사 평가권을 쥐고 있는 상사(예를 들어 김 이사라고 하지요)에게 연말 인사평가가 있기 3-4개월 전쯤에 가서 이런 질문을 하도록 권합니다. "이사님. 제가 과장이 된 지 이제 반년이 되었는데요. 좀 더 효과적으로 제 역할을 하면서 인정받는 과장이 되고 싶습니다. 앞으로 제가 어떤 점들을 좀 더 신경 쓰면 좋을까요?" 박 과장이 김 이사의 답변 내용을 남은 기간 동안 좀 더 신경 쓴다면 어떨까요? 혹은 여러분이 김 이사, 즉 상사라면 이렇게 질문하는 부하를 어떻게 생각하시겠습니까?

다른 모든 일과 마찬가지로 질문도 무조건 많이 한다고 좋은 것은 아닙니다. 입증된 좋은 질문들이 존재합니다. 여러분이 커뮤니케이션을 좀 더 잘하고 싶다면 나만의 좋은 질문 리스트를 갖고 있어야 합니다. 이 책에서 저는 심리학과 경영학, 전략 커뮤니케이션 분야의 연구를 참고하고, 지난 20여 년 동안 컨설턴트로서 그리고 커뮤니케이션 코치와 퍼실리테이터로서 활동해오면서 실제 현장에서 효과가 있었던 질문들만을 선별해내고, 그러한 질문을 통해서 여러분이 얻으실 수 있는 것은 무엇인지, 어떤 상황에서 쓸 수 있는지에 대해 구체적으로 풀어놓았습니다. 아무쪼록 좋은 질문을 통해 여러분이 앞으로 하게 될 대화에서 새로운 경험을 하시게 되길 바랍니다.

김호 드림

차례

1부 질문이 먹고사는 데 도움이 되는 이유

2부 질문을 디자인하는 네 가지 방법

4부 질문할 때 생각해봐야 할 몇 가지 의미

PART I

질문이 먹고사는 데
도움이 되는 이유

질문은 물론 모르는 것을 물어서 알려는 목적을 갖습니다. 하지만 이렇게만 생각한다면 질문이 가진 힘의 절반밖에 모르는 것입니다. 제대로 된 질문은 관계를 좋게 만들어주며, 여러분이 원하는 도움을 얻거나 목표를 이루도록 해줍니다. 질문을 제대로 할 수 있다면 우리는 때로 사고 싶은 물건을 좀 더 싸게 살 수도 있으며, 사랑하는 사람이나 친구, 혹은 직장 동료나 상사, 부하와의 관계를 좀 더 건강하게 만들 수도 있습니다. 질문하는 기술은 그 자체만으로 직업이 되기도 하고, 여러분이 무슨 일을 하시든, 일하는 데 훌륭한 도움을 줍니다.

예외 사항을
물어본 적 있나요?

1,592,302원에 얽힌 이야기부터 시작하지요. 2017년 가을 저는 아내와 오래전부터 무려 한 달간의 북이탈리아 여행을 꿈꿔오고 계획했습니다. 아내가 한 달간의 안식월을 받게 되었고, 저는 연초부터 프로젝트 일정을 조정하여 한 달간을 비워놓았습니다. 당시에는 고객 중 이탈리아인 임원이 있어서 그에게 조언도 들어가며 계획을 알차게 세웠습니다. 가장 오래 머물기로 계획한 곳 중 하나는 볼로냐였습니다. 아내와 저 모

두 여행 계획을 짤 때 식당과 음식을 기준으로 하는데, 볼로냐는 대표적인 미식 도시(하긴 이탈리아에서 미식 도시가 아닌 곳이 있겠습니까만!)이기 때문입니다. 한 달간의 여행이니 비용도 만만치 않게 들어가게 되고, 그래서 오래전부터 여행을 위한 저금을 따로 해올 정도였습니다. 호텔 예약은 온라인 예약 사이트를 이용하여 우리가 원하는 호텔을 가장 저렴한 조건으로 수 개월 전에 예약했습니다. 이때 가장 저렴한 조건 중 하나는 예약을 확정하는 것입니다. 즉, 예약을 취소해도 돈을 돌려받지 못하는 조건을 선택하면 가격이 더 내려가게 됩니다. 아내의 안식월 일정도 제 일정도 확실했기에, 그리고 과거 여행 계획을 세웠다가 취소한 적도 없었기에 한 달간의 여행 중 몇 곳, 특히 숙박비가 많이 들어가는 곳에서는 취소해도 돈을 돌려받지 않는다는 조건으로 가장 싼 요금제를 선택했습니다.

아뿔싸…. 여행을 두 달여 앞둔 시점 아내의 회사에 급한 일이 생겼고, 아내가 자리를 비울 수 없을 것 같은 불길한 예감이 들기 시작했습니다. 풀이 한껏 죽은 표정으로 아내는 도저히 여행을 갈 수 없겠다고 했습니다. 항공권이며 예약한 호텔만도 여러 곳인데, 그중 가장 먼저 떠오른 곳이 바로 볼로냐의 호텔이었습니다. 패널티 금액이 가장 높은 곳이 바로 이 호텔이었기 때문입니다. 당연히 취소를 시도할 때 온라인 예약 사이트에서는 호텔 예약 금액인 1,592,302원을 모두 지불해야 한다고 했습니다. 저는 잠시 고민을 한 뒤, 이탈리아 호텔로 직접 전화를 했습니다. 이때, 호텔의 담당 지배인에게 제가 공손하게 전한 핵심 메시지는 세 가지였습니다. 첫째, 내가 예약할 때 취소하면 돌려받지 못하는 조건으로 예약한 점은 잘 알고 있다. 이번 여행 스케줄에 대해 아내와 나 모두 확신을 했기 때문이다. 둘째, 아내 회사의 예상치 못한 급박한 일로 아내가 도저히 여행을 갈 수 없는 상황이 되었다. 셋째, 내가 내야 할 위약금의 부담을 조금이라도 줄여주거나 전혀 내지 않게 예외 조항을 적용하도록 나를 도와줄 수 있는 방법이 있는지 궁금하다. 우리 부부가 다시 북이탈리아 여행을 하게 될 경우 꼭 당신 호텔에서 머물도록 하겠다.

담당 지배인은 하루 뒤 이메일로 호텔 예약 사이트에 하루치에 해당하는 위약금만 청구하는 것으로 논의 중이라는 답변을 보내주었습니다. 제게는 정말 커다란 차이였기에 고맙다고 답장을 보냈습니다. 전화 통화를 한 지 나흘째 되던 날 저와 통화를 했던 클라우디오는 제게 "예외적으로 당신의 예약 건을 위약금이 전혀 없이 취소하는 것으로 호텔 예약 사이트와 이야기를 했다"면서 답장을 보내왔습니다. 아! 그때 1,592,302원을 지켜내며 얼마나 안도했는지 모릅니다.

자, 이제 위의 이야기를 세 가지 측면에서 한번 돌아보지요. 첫째, 2012년 저는 협상 분야의 베스트셀러인 《어떻게 원하는 것을 얻는가》의 저자 스튜어트 다이아몬드 교수가 필라델피아에서 진행한 워크숍에 참여한 적이 있습니다. 이때 가장 기억에 남는 조언 중 하나는 "예외 조항이 있는지 물어보라(Ask for exception)"는 것이었습니다. 대다수의 사람들은 어차피 안 될 거라는 생각에 예외 조항을 물어보지 않는다면서요. 저 역시 만약 호텔에 예외적으로 위약금을 면제하거나 줄여줄 수 있는지 물어보지 않았다면 150만 원이 넘는 돈을 허공에 날릴 뻔했습니다. 둘째, 제가 호텔에 처음 연락하여 대화를 시작했을 때, 첫 시작은 갑자기 여행을 못 가게 되었다는 변명도 아니었고, 처음부터 위약금을 면제해달라는 '뻔뻔한' 요구도 아니었습니다. 제가 원칙적으로 위약금을 물어야 한다는 것을 잘 알고 있다는 점을 인정한 것이었습니다. 어떤 분은 이런 상황에서 "무슨 위약금이 이렇게 비싸냐!"라고 따지는 경우가 있는데요. 이렇게 되면, 도와주려 했다가도 더 도와주고 싶지 않게 됩니다. 이런 부탁을 위한 질문을 할 때는 먼저 상대방과 내가 동의하는 것이 무엇인지를 찾아야 합니다. 당연히 호텔 입장에서는 위약금을 원칙대로 물리려고 할 것이고, 나 역시 그 부분을 알고 예약을 했던 것이기 때문에, 이 부분에서 최악의 경우 내가 모두 물어야 한다는 점을 먼저 인정하고 들어가야 합니다. 세 번째, 질문의 형식으로 요청을 할 때, 최대한 상대방을 존중하는 태도를 문장에 담는 것입니다. 즉, 무조건 위약금을 면제해달라고 요청하는 것이 아니라 위약금을 줄여주거나 면제할 수 있는 방법이 있는지, 그리고 두 가지 중 한 가지로 호텔 측 담당자가 나를 도와줄 수 있는 방법이 있는지 겸손한 태도로 질문을 합니다. 사람들은 남에게 지시를 받거나 불평을 듣는 위치보다는, 도움을 베풀 수 있는 위치에 서기를 원합니다. 이는 질문의 프레임(frame)을 어떻게 하는가에 따라 같은 내용의 질문이라 하더라도 상대방의 반응이 180도 다를 수 있다는 것을 잘 알고 있기 때문에 가능했습니다.

상대방에게 무엇인가 요청하기 위해 질문을 할 때, 이러한 세 가지 방법은 놀라운 힘을 발휘합니다. 저는 이 책을 쓰고 있는 동안, 이번에는 출장 때문에 미국에 호텔을 예약했다가 일정 변경으로 인해 75달러의 위약금을 물게 될 처지에 있었습니다. 이때도 예외 조항이 있는지, 내가 75달러의 위약금을 내는 것에 동의했다는 점을 먼저 인정하면서 겸손한 자세로 묻고, 또 도움을 요청했습니다. 이번에는 75달러를 25달러로 깎아주더군요.

많은 사람들이 "이 세상에 멍청한 질문이란 없다"라는 말을 합니다. 이 말은 세상의 무엇이든 우리는 궁금증과 호기심을 갖고 질문을 던질 수 있다는 말입니다. 그리고 사람들에게 질문을 도전적으로 던지도록 용기를 주기 위한 말이기도 합니다. 전적으로 동의합니다. 하지만 질문은 궁금한 것을 묻는 목적뿐 아니라 때론 관계(직원과 손님 간의 관계)를 개선하고, 원하는 기회(좀 더 물건을 싸게 사거나 위약금을 줄이는 것)를 얻도록 도와주기도 합니다. 질문이 우리에게 가져다주는 여러 가지 혜택을 생각해보면, 질문을 어떻게 하는가에 따라 우리는 목적을 달성할 수도 있고, 그러지 못할 수도 있습니다. 무작정 "값 좀 깎아주시면 안 돼요?"라거나 "위약금을 면제해주시면 안 돼요?"라고 묻지 마시길. 그렇게 물어보면 원하는 답을 들을 수 없기 때문입니다.

질문의 기술은
연애의 기술이다?

하버드 대학교의 경영대학원과 케네디 행정대학원 등의 연구자 다섯 명은 대화에서 질문이 호감도에 미치는 네 가지 흥미로운 실험을 진행한 뒤, 2017년 이 결과를 심리학계의 주요 저널 〈Journal of Personality and Social Psychology〉에 발표했습니다.[1]

첫 번째 실험에서는 398명의 실험 참여자들이 199개의 짝을 이루어 실험실 내에서 온라인 채팅을 통해 15분 동안 대화

23

를 하도록 했습니다. 이때, 온라인 채팅을 하는 두 사람 중 한 사람에게는 대화 중에 질문을 많이(최소 9개 이상의 질문) 하거나 적게(최대 4개까지의 질문) 하도록 지시했습니다. 대화를 마치고 나서 이들은 상대방에 대한 나의 호감과 나에 대한 상대방의 호감을 묻는 설문에 응했지요.

두 번째 실험에서는 총 338명의 실험 참여자들이 169개의 짝을 이루었습니다. 이번에는 온라인 채팅 대화에 참여하는 양쪽 모두에게 질문을 많이 하거나 적게 하도록(질문이 많고 적은 기준은 첫 번째 실험과 같았습니다) 지시했습니다. 이들 역시 대화 후 호감도 등을 묻는 설문에 응했습니다.

세 번째 실험에서는 644명의 실험 참여자들이 두 번째 실험으로부터 나온 169개의 대화 중 하나를 읽도록 했습니다. 그러고 나서 제3자의 입장에서 두 명에 대한 호감을 평가하게 했고, 또한 두 명의 대화 파트너가 서로에 대한 호감을 어떻게 느꼈을지에 대해 예상하도록 했습니다.

마지막 실험은 온라인이 아닌 오프라인 현장에서 이루어졌습니다. 110명의 남녀가 모여 서로 파트너를 번갈아가며 대화하는 스피드 데이팅(speed-dating)에서 다시 만날 의향이 있는지 없는지를 조사한 후, 두 사람의 대화에서 질문한 횟수와의 상관성을 보았지요. 이러한 실험들로부터 연구자들은 무엇을 발견했을까요?

첫째, 온라인과 오프라인 실험 모두에서 질문을 많이 하는 사람에 대한 호감이 질문을 적게 하는 사람에 대한 호감에 비해 통계적으로 유의미하게 높았던 것을 발견했습니다. 이는 질문을 많이 하는 사람을 자신에게 관심이 많은 것으로 인식하며, 심리적으로 더 좋은 반응(responsiveness)을 보인다고 생각하기 때문입니다. 쉽게 말해 질문을 많이 하는 사람들을 '리액션'이 좋다고 생각하는 것이지요. 질문을 많이 던진 사람들은 온라인 채팅에서는 물론 스피드 데이팅에서도 파트너로부터 다시 만나고 싶다는 반응을 얻을 가능성이 높았습니다. 오호! 소개팅을 앞두고 있는 분이나 연애를 하고 있는 분께서는 귀가 번쩍 뜨일 결과 아닌가요?

둘째, 연구자들은 호감을 많이 얻는 사람들이 즐겨 쓰는 질문이 어떤 것인지 분석한 결과, '후속 질문(follow-up questions)'이 가장 강력하다는 것을 밝혀냈습니다. 후속 질문이란 대화 파트너가 좀 전에 말한 것에 대해 추가 질문을 하는 것으로, 예를 들면 "그건 왜 그랬나요?" 혹은 "그땐 어떻게 느끼셨나요?" 등과 같이 주로 왜(why)와 어떻게(how)에 대해 물어보는 것을 말합니다. 후속 질문이 강력한 이유는 상대방이 내 말에 관심을 갖고 듣고 있으며 좀 더 깊이 이해하고 싶어 한다는 것을 알려주기 때문입니다.

셋째, 흥미롭게도 관찰자들은 질문을 하는 사람보다 질문에 대해 답하는 사람에 대해 더 호감을 보였는데요. 이는 질문이 자신이 아닌 다른 사람에게 향했기 때문입니다. 사람들은 자신에게 관심을 갖고 물어봐주는 사람에게 더 호감을 보입니다.

마지막으로 가장 주목해야 할 결과가 있습니다. 이 모든 실험에서 사람들은 질문을 많이 던지는 것이 호감을 높여준다고 제대로 예측하지 못했다는 점입니다. 실험 참여자는 물론 일반적으로 우리는 대화에서 질문을 던지는 행동이 상대방에게 줄 수 있는 긍정적 효과는 물론 질문을 던지는 자신에 대한 호감을 얼마나 높여주는지 잘 모르고 있습니다. 앞서 살펴본 것처럼 우리는 질문을 모르는 것에 대해 물어보는 도구라는 좁은 정의로만 인식하고 있거나 심지어 질문을 하는 것에 대해 두려움을 갖고 있기도 하지요. 영향력이 있는 사람들은 질문을 지적 대화의 도구뿐 아니라, 관계에서 상대방과 긍정적 맥락을 만드는 도구로도 활용합니다.

밀리언셀러《설득의 심리학》의 저자이자, 설득과 관련해 세계에서 가장 인용이 많이 되는, 생존하는 사회심리학자 로버트 치알디니 박사가 호감의 원칙에 대해 이렇게 말해준 적이 있습니다. 일반적인 사람들은 늘 어떻게 하면 동료나 상사 혹은 고객들이 나를 좋아하게 만들 수 있을지에 대해서 고민한다고. 하지만 좀 더 영향력을 잘 발휘하고, 설득력을 잘 발휘하고 싶은 사람들은 반대로 어떻게 하면 내가 상대방을 먼저 좋아할 수 있는지 스스로에게 질문해야 한다고 말입니다. 이는 억지로 좋아하라는 말이 아닙니다. 그것은 가능하지도 않고, 윤리적이지도 않습니다. 상대방에게 관심을 갖고, 그가 가진 여러 가지 특징 중에서 내가 좋아할 수 있는 것을 찾아내는 것이 중요하다는 말입니다.

어떻게 해야 할까요? 상대방에게 관심을 갖기 위해서는 그에게 질문을 던져야 합니다. 그는 무엇을 좋아하고 싫어하는지. 다음번에 누군가를 만날 계획이 있다면, 미리 어떤 질문을 던지면 좋을지 생각해보세요. "휴가 어디에 다녀오셨어요?"라고 질문을 했다고 치지요. 상대방이 "제주도에 다녀왔습니다"라고 할 때, 그냥 어색하게 "아 예~"하고는 침묵을 지키지 말고 더 물어보세요. "저는 최근에 제주도에 가보지 못했

는데, 이번에 가셨을 때 무엇이 가장 좋았나요?"라고요. 그럼
또 무엇인가를 이야기하겠지요. 그럼 또 그것이 왜 좋았는지
도 물어볼 수 있겠지요. 네, 맞습니다. 후속 질문을 해보세요.
기억하시기 바랍니다. 후속 질문을 통해 대화를 이끌어가는
것이 호감을 상승시키는 엄청난 수단이라는 것을!

면접에서
먼저 던져야 할 질문

경쟁사 브랜드를 사용하는 고객을 설득해야 하는 상황이라고 생각해보지요. 이럴 때 우리는 별생각 없이 이런 질문을 하곤 합니다. "고객님, 궁금해서 그러는데 왜 그 브랜드(경쟁사)를 좋아하시나요?" 아뿔싸…. 이러한 질문은 스스로 영업의 기회를 줍히는 질문입니다. 고객은 나의 질문에 대답하기 위해 자신이 경쟁사 브랜드를 좋아하는 이유를 생각해야 하기 때문입니다. 고객의 입장에서는 경쟁사 브랜드가 왜 좋은지를 떠올리고 답변하고 나면, 우리 제품으로 갈아타기가 더 힘들어지게 되지요. 정말 그 고객을 설득하고 싶다면 어떻게 해야 할까요? 자 이때는 이렇게 질문하는 것이 좋습니다. "고객님, 궁금해서 그러는데 혹시 그 브랜드를 쓰시면서 조금 아쉬웠던 부분은 없나요?" 이제 고객은 그 브랜드에 대해 조금이라도 아쉽거나 싫어하는 부분을 생각하게 됩니다. 고객이 아쉬워하는 부분과 내가 판매하고자 하는 브랜드의 장점을 연결시킬 수 있는 기회를 여는 질문인 것이지요.[2]

이처럼 기회를 여는 질문은 취업 인터뷰에서도 사용할 수 있습니다. 취업 인터뷰를 앞두고 우리는 상대방이 질문할 것은 무엇이고, 그에 대해 어떻게 대답하는 것이 좋을지를 준비하게 됩니다. 하지만 질문의 힘을 제대로 아는 사람은 취업 인터뷰에서 나를 인터뷰하는 사람에게 어떻게 질문하는 것이 좋을지를 고민합니다. 로버트 치알디니 박사는 이에 대해 조언한 적이 있습니다.[3] 인터뷰를 하게 되었다는 것은 서류 심사를 통과했다는 의미입니다. 집단 인터뷰에서는 힘들 수 있겠지만 1:1 인터뷰에서 처음에 인사를 할 때 가능하다면 이런 질문을 할 수 있습니다. "오늘 저에게 인터뷰 기회를 주셔서 감사합니다. 궁금해서 그러는데 저의 어떤 점 때문에 서류

심사에서 통과하여 오늘 인터뷰 기회까지 이어지게 되었는지 알고 싶습니다." 이제 인터뷰를 하려는 사람은 나의 이력서를 보면서 나의 장점에 대해 먼저 생각하게 됩니다. 출발점이 달라지는 것이지요. 이처럼 질문은 영업이나 취업의 중요한 순간에 상황을 나에게 유리하게 만들어줄 수 있습니다.

이뿐만이 아닙니다. 인터뷰를 하기 전 지원하는 회사의 홈페이지나 관련 뉴스 기사를 살펴보고 가서 그에 대한 구체적 질문을 인터뷰 담당자에게 던짐으로써, 회사에 대한 관심도가 높다는 것을 보여줄 수도 있습니다. 더 나아가 상황에 따라서 인터뷰 담당자에게도 질문을 할 수 있습니다. "(인터뷰하시는) 상무님께서는 이 회사에서 일하시면서 가장 좋은 점은 무엇인지요?" 혹은 "만약 정말 사랑하는 후배가 이 회사에 지원한다면 선뜻 그렇게 하라고 추천하실 의향이 있는지, 그렇다면 그 이유는 무엇인지요?"와 같은 질문을 생각해볼 수 있습니다.

이처럼 고객의 브랜드 선택을 바꾸거나 인터뷰에서 취업의 기회를 높이려는 뚜렷한 목적이 있을 때 사용하는 질문을 저는 '전략적 질문(strategic questions)'이라고 부릅니다. 비즈니스와 관련한 명확한 목적을 성취하기 위해서 던지는 질문이며, 그 목적에 맞는 질문 방식이 따로 있기 때문입니다. 이 책에서 여러분은 일할 때 특정 목적에 따라 사용할 수 있는 여러 가지 질문의 도구들을 살펴보게 될 것입니다.

똑같은 의도를 갖고도 질문을 이렇게 하면 고객이 경쟁사의 장점에 더 가까워질 수도 있고, 또 저렇게 하면 우리 쪽의 장점에 더 가까워질 수도 있는 것이 바로 전략적 질문의 세계입니다. 독자 여러분이 직장을 다니시거나 프리랜서이거나 사업을 하신다면, 한번 생각해보세요. 나는 오늘 일하면서 전략적 질문을 던졌는가? 내일 중요한 회의가 있다면 여러분은 어떤 전략적 질문을 던지고 싶으신가요? 이 책을 읽다 보면 분명 그 해답을 찾으실 수 있을 것입니다.

질문은 외향적, 내향적 성향과 상관이 없다

만약 누군가 "커뮤니케이션에서 어떤 능력을 향상시키고 싶습니까?"라고 묻는다면 여러분은 무엇이라고 답하시겠습니까? 아마도 글을 더 잘 쓰고 싶다거나 프레젠테이션 능력을 높이고 싶다거나, 말을 더 잘하고 싶다는 응답이 나오지 않을까요? 우리는 말하기나 글쓰기 등에 비해 듣기를 더 잘하고 싶다는 생각을 해본 적은 별로 없는 것 같습니다. 여기에는 업무 회의에서 힘 있는 상사는 주로 말하고, 힘없는 부하는 그저 듣는 그림을 머릿속에서 떠올리기 때문이 아닐까요? 하지만 이런 그림에서 떠올리는 상사가 말을 잘하는 것도 아니고 부하가 잘 듣는 것도 아닙니다.

제가 한 논리학자에게 들었던 최고의 조언은 세상에서 가장 논리적인 사람은 항상 논리로 따지는 사람이 아니라 논리를 발휘해야 할 때와 감정을 발휘해야 할 때를 잘 구분하는 사람이라는 것입니다. 마찬가지로 진정 말을 잘하는 사람은 자신이 말해야 할 때와 들어야 할 때를 잘 구분하기 마련입니다. 또한 아무런 의견 개진이나 질문도 하지 않고 그저 듣기만 하는 것은 수동적 듣기일 뿐입니다. 부하의 입장에서 보면 수동적 듣기에서 벗어나 질문을 함으로써 자신의 존재감을 더 높일 수 있으며, 사람들이 생각하지 않던 부분을 다시 생각해보게 할 수 있고, 대화의 방향에 영향력을 발휘할 수 있습니다.

여러분 중에는 심리 진단을 통해 자신이 외향적인(extrovert) 성향과 내향적인(introvert) 성향 중 어느 쪽이 더 강한지 알아본 경험이 있을 것입니다. 혹은 심리 진단을 하지 않았어도 자신이 대략 어느 쪽 성향이 더 강한지 추측하실 수 있을 것입니다. 이 두 성향 사이의 주요 차이 중 하나는 회의실에서 드러납니다. 외향적인 성향의 사람들은 남들에게 이야기하는 과정을 통해서 자신의 생각과 의견을 정리해나갑니다. 반대로 내향적 성향이 강한 사람들은 자신의 생각이 정리되어야 입이 비로소 떨어집니다. 말하면서 정리하는 것이 아니라 정리한 뒤에 말을 하는 것이지요. 문제는 정리한 뒤에는 벌써 그 주제에 대한 토론이 지나갔거나 회의가 끝나버리는 경우가 많다는 것입니다. 그래서 통상 외향적인 사람들이 회의에서 더 기여하는 것처럼 보이고, 내향적인 사람들은 그저 묵묵히 시간을 때우는 것처럼 보일 수가 있지요. 내향적인 사람들로서는 억울한 점이기도 합니다. 생각이나 의견이 없어서 회의에서 말을 안 하는 것이 아니라 성향상 정리를 해야 말할 수 있기 때문입니다.

하지만 내향적 성향이 강한 사람들이 회의에서 쓸 수 있는 훌륭한 무기가 있습니다. 바로 질문입니다. 자신의 의견을 말하는 데에는 시간이 좀 걸리더라도 질문은 바로 그 자리에서 할 수 있기 때문입니다. 예를 들어 "부장님. 제가 좀 더 잘 이해를 하고 싶어서 그러는데, 오늘 논의하는 이 프로젝트에서 부장님께서 가장 중요하게 생각하시는 부분은 무엇인지 여쭤봐도 될까요?"라는 질문은 얼마든지 할 수 있지 않을까요? 혹은 "이 프로젝트가 성공했을 때 부장님께서 그리는 그림은 어떤 것인지 설명해주실 수 있을까요?"와 같은 질문도 그렇습니다. 질문의 톤은 여러분의 상황에 맞게 조절하되, 내가 던질 수 있는 질문 몇 가지를 만들어보는 것은 내향적인 성향의 사람들의 직장 생활에 도움을 주게 됩니다.

그럼 질문은 내향적인 성향의 사람들에게만 필요한 것일까요? 외향적인 성향의 사람들이 과거보다 더 좋은 질문을 자주 던지게 되면 어떤 일이 벌어질까요? 사람들은 그를 이렇게 생각하게 될 것입니다. 자신의 생각을 잘 말하기도 하지만 남의 이야기에도 귀를 잘 기울이는 사람이라고.

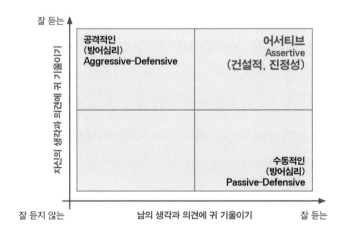

소통과 심리를 연구하는 학자들은 자신과 남의 생각과 의견에 귀를 기울이는 정도를 놓고 옆의 그림과 같이 구분을 해놓았습니다.

자신의 생각과 의견에만 귀를 기울이고 남의 생각과 의견에 대해 질문을 통해 귀를 기울이지 않는 사람들은 공격적 성향이라고 합니다. 반면에 남의 생각과 의견에만 귀를 기울이고, 정작 자신의 생각과 의견에는 귀를 기울이지 않는 사람들을 수동적 성향이라고 합니다. 공격적 성향과 수동적 성향은 모두 방어적 심리에서 나온 것입니다. 공격적인 사람들은 남의 이야기를 듣지 않는 것으로 자신을 방어하려고 하고, 수동적인 사람들은 자신의 생각을 회피하고 남의 이야기에만 귀를 기울이는 식으로 방어하려고 하는 것이지요.

우리가 정말로 힘 있는 소통을 하기 위해서는 자신의 생각과 의견에도 귀를 기울이는 동시에 상대방의 이야기에도 귀를 기울여야 하는데요. 이런 성향을 '어서티브(assertive)하다'라고 말합니다. 제가 어서티브를 굳이 한국어로 옮기지 않는 것은 아직 적절한 한국어 표현을 찾지 못했기 때문입니다. 어서티브나 명사형인 어서티브니스(assertiveness)를 사전에서 찾아보면 '적극적인', 혹은 '자기주장이 강한' 정도의 뜻이 나오는데요. 이는 마치 자기주장만 강한 것을 어서티브라고 오해하게 할 수 있기 때문입니다. 정확히 말하면 심리학이나 커뮤니케이션 분야에서 어서티브한 사람의 특징은 자신의 의견도 솔직히 말하면서 상대방의 의견에도 궁금증을 갖고 질문을 통해 다른 사람들도 의견을 이야기하도록 편안하게 만들 수 있는 사람을 말합니다. 즉, 질문은 어서티브한 성향을 갖기 위해 반드시 필요한 도구입니다.

여기에서 매우 중요한 것을 한 가지 짚고 넘어가야 하는데요. 질문은 상대방의 생각과 의견을 명확히 알기 위해서도 중요하지만, 동시에 자신의 생각과 의견을 제대로 알기 위해서도 매우 중요합니다. "나는 여기에서 무엇을 가장 중요하게 생각하는 것이지?" "내가 이 사람에게 정말 원하는 것은 무엇일까?"와 같이 스스로에게 질문을 던지지 않으면 자신의 생각과 의견을 명확히 하기 힘듭니다. 즉, 질문은 듣기의 도구일 뿐 아니라 자신의 생각을 명확히 이야기하기 위한 하나의 단계로서도 매우 중요한 것입니다.

소통에는 네 가지가 있다고 했습니다. 읽기, 쓰기, 듣기, 말하기. 물론 질문은 듣기와 가장 밀접한 도구이지만, 우리는 책을 읽고, 자신의 생각을 다듬어 글을 쓰고 말하는 과정에서도 질문을 좀 더 잘하게 될 때, 모두 더 좋은 성과를 낼 수 있습니다. 이 책에서 제시하는 모든 질문은 상사에게도 할 수 있지만 부하에게도 할 수 있습니다. 상황에 맞게 질문의 톤과 단어 몇 개만 바꾼다면요. 또한 이 질문들은 상대방에게도 할 수 있지만 스스로에게도 던질 수 있습니다. 질문은 내향적인 사람에게는 좀 더 자신의 영향력을 보여줄 수 있는 기회를 제공하고, 외향적인 사람에게는 좀 더 수평적인 리더십을 실행하도록 도와줍니다.

질문이 내향적·외향적 성향을 가진 사람들에게 갖는 의미에 대해 한 가지 더 이야기하고자 합니다. 유명한 정치 컨설턴트인 박성민 대표가 《강한 것이 옳은 것을 이긴다》라는 좋은 책에서 이렇게 쓴 적이 있습니다. "자신의 정치적 비전을 설명할 시간에 차라리 대중의 이야기를 귀담아들어주는 편이 훨씬 낫다. 왜냐하면 대중은 자신의 문제에 관심을 보여주는 정치인에게 관심을 갖기 때문이다." 듣기는 정치인에게도 훌륭한 무기입니다. 하지만 여기에서 그의 말을 인용하는 것은 정치인을 위해서가 아닙니다. 이 책은 평범한 직장 생활을 하는 분들을 염두에 두고 쓰고 있는데요. 여러분은 직장 생활에서의 정치력에 대해 어떻게 생각하십니까? 여기에서 정치력을 관계의 힘이라고 생각해보지요. 일을 잘하는 것과 함께 관계의 힘을 키우는 것도 매우 중요하다는 점에 대다수 직장인들은 동의할 것입니다. 여기에서 드리고 싶은 말씀은 여러분의 현재 정치력이 어느 수준이건 간에 좋은 질문을 던질 수 있다면 여러분의 정치력도 높아질 수 있다는 점입니다.

어떠세요. 여러분이 외향적이든 내향적이든 질문을 더 잘 이용할 이유는 이 정도면 충분하지 않을까요?

네. 저는 질문으로
먹고삽니다

직업적으로 저는 고객에게 질문을 잘해야 하며 고객이 스스로 좋은 질문을 하도록 도와야 합니다. 그 질문을 통해 좀 더 나은 의사결정을 하고 긍정적 변화를 하도록 해야 하니까요. 무엇이 더 나은 것인지는 고객이 최종적으로 결정하지만, 그 과정에서 고객이 생각해봐야 할 질문을 꼼꼼히 던지는 것이 제게는 중요한 임무입니다. 때로는 일부러 반대편의 입장에서 공격적인 질문을 던지기도 합니다.

고객들을 위한 워크숍을 디자인하고 퍼실리테이션(진행)하는 과정은 참석자들이 좀 더 서로의 이야기를 듣고 더 나은 대화를 하도록 질문을 만들고 던지는 과정입니다. 때로 고객들은 저를 고용하여 그들이 싫어할 만한 질문을 카메라 앞에서 던지도록 하기도 합니다. 저는 여러 가지 자료 조사를 통해 그들이 피하고 싶은 질문을 던지고, 그들이 그에 대해 피하지 않고 제대로 자신의 뜻을 전달하도록 돕는 역할을 하지요. 자신이 어려운 질문 앞에서 어떤 표정을 짓는지, 또 어떤 말로 반응을 하는지를 직접 보고 나면 어떻게 개선해야 할지에 대한 방향이 좀 더 쉽게 잡힙니다.

독자 여러분도 해보고 싶다고요? 그럼 이렇게 해보세요. 일이나 삶과 관련하여 여러분이 피하고 싶은 질문은 무엇인가요? 친구나 동료에게 내 스마트폰의 동영상 기능을 켜서 건네주면서 그 질문을 던져달라고 하고 여러분이 답변하는 것을 찍어달라고 부탁하세요. 그게 싫다면 질문을 적어서 앞에 놓고, 여러분이 답변하는 모습을 스스로 찍어보는 것도 가능하지요. 내가 어려운 질문 앞에서 어떤 표정을 짓는지, 어떻게 말을 하고 반응하는지 스스로 관찰하는 경험은 나에 대해 새로운 것을 알게 해줄 것입니다.

많은 사람들이 소통을 더 잘하는 사람이 되고 싶어 합니다. 소통을 잘한다는 것은 나 혼자 말을 잘하는 것이 아니라 상대방이 나와 잘 통한다고 느끼게 만드는 것입니다. 이를 위해서는 내 의사를 명확하게 하는 것만큼이나 중요한 것이 있는데요. 바로 상대방의 이야기를 제대로 끌어내고 듣는 것입니다. 상대방은 내가 그의 이야기를 관심 있게 듣고 있다는 것을 확인하는 순간부터 내 이야기에도 귀를 기울이게 되기 때문입니다. "사람들은 당신이 얼마나 그들에게 신경 쓰는지 확인할 때까지는 당신이 얼마나 많이 아는지를 신경 쓰지 않는다(People don't care how much you know until they know how much you care)"라는 말이 있습니다. 미국의 시어도어 루스벨트 대통령이 한 말이죠. 내가 상대방에게 신경 쓰고 있다는 것을 알려주는 소통의 도구는 바로 질문을 통한 듣기입니다. 협상 전문가 스튜어트 다이아몬드는 이렇게 말합니다. "사람이란 본래 자기 말에 귀 기울여주고, 가치를 인정해주고, 의견을 물어주는 사람에게 보답하기 마련입니다. 그게 변하지 않는 사람의 본성이에요."

"잘 듣겠습니다"는 메시지는 정치인이나 기업의 CEO, 상사들이 인사말처럼 하는 말입니다. 앞서 잠시 이야기했지만 잘 듣는다는 것을 나타내는 용어에 '적극적 경청(active listening)'이라는 것이 있습니다. 이를 단순히 말로 끝내는 게 아니라 현실에서 실천하기 위해서는 무엇이 필요할까요? 우선 상대방의 이야기를 자연스럽게 끌어내기 위한 좋은 질문이 있어야겠지요. 여러분이 이 책에서 주로 접하게 될 내용이 바로 이에 대한 것입니다. 하지만 질문을 던져놓고는 상대방이 이야기하는 동안 스마트폰을 보거나 딴짓을 한다면 상대방은 무시당했다는 느낌을 갖게 되겠지요. 적극적 경청을 할 때는 온전히 상대방에게 집중하는 것이 중요합니다. 말, 표정, 몸짓까지 그에게 집중하는 것이지요. 몸도 상대방과 멀리 뒤로 젖히기보다는 상대방 쪽으로 기울여 눈을 마주 보며 질문하고 듣는 것이 좋습니다. 이때 상대방이 요청하지 않는 한 조언하지 않습니다. 요청하지 않은 조언을 자주 하는 사람을 우리는 '꼰대'라고 부릅니다. 질문으로 시작했어도 결국 자신이 훨씬 더 많이 말을 하고, 상대방이 묻지도 않은 사안에 대해 조언까지 하는 사람은 대표적인 꼰대입니다. 다만 상대방이 말한 것을 내가 제대로 이해했는지 요약해서 정리하는 것은 매우 권장할 만한 경청 태도입니다. "지금까지 말씀하신 것을 제가 이렇게 이해했는데 맞나요?"라고 말이지요.

적극적이라는 말은 또한 판단을 중지한다는 뜻입니다. 상대방이 이야기할 때, 짐짓 짐작하거나 나도 이미 해봤거나 안다는 식의 판단을 잠시 접어두는 것이지요. 같은 경험도 누가 언제 어디에서 하느냐에 따라 제각각 다르기 때문입니다. 예를 들어 40대 직장인이 20대 후배 직장인의 경험을 들으면서 "내가 다 경험해봐서 아는데 말이지…"라고 짐작하고 판단하는 것은 적극적 경청의 태도가 아닙니다. 왜냐하면 20대 후배가 지금 하고 있는 직장생활의 경험은 40대 선배가 20년 전에 했던 20대 직장생활의 경험과는 다른 점이 많이 있기 때문입니다. 결국 좋은 질문은 훌륭한 경청 태도로 연결이 될 때 가장 빛을 발하게 됩니다.

상상해보세요. 우리가 물건을 사는 가게에서, 휴가 때 묵는 호텔에서, 매일 많은 시간을 보내는 직장의 회의에서, 상사나 후배와의 면담에서, 친구와의 대화에서, 고객과의 전화 통화나 이메일에서 질문을 좀 더 잘할 수 있다면 어떻게 될까요? 우리는 상대방에 대해 더 잘 알 수 있으며, 상대방은 나에게 더 호감을 가질 수 있고, 불필요한 실수나 속상한 일을 좀 더 줄일 수 있으며, 돈을 아끼거나 더 벌 수 있으며, 상대방을 더 잘 설득하거나 더 유리하게 협상할 수 있고, 무엇보다 더 연결된 소통을 할 수 있을 것입니다. 이는 단순히 누군가의 주장이 아니라 학자들의 연구와 리더들의 경험으로 그 효과가 입증된 것입니다.

물론 제대로 된 질문을 던져야겠죠. 잘못된 질문은 상대방의 생각이나 두 사람 사이의 대화를 망칠 수 있으며 질문을 던지는 자에 대해 안 좋은 인상을 줄 수도 있기 때문입니다. 제대로 된 질문을 던지기 위해서는 무엇보다 그 효과가 입증된 질문의 도구나 문장들을 많이 알고 있어야 합니다. 우리가 언어를 배울 때 좋은 문장들을 외우는 것과 비슷하다고 할까요? 이 책에는 전문가들이 사용하는 질문의 도구들을 최대한 쉽고 현실에 적용할 수 있도록 소개했습니다. 물론 좋은 질문을 알고만 있어서는 소용이 없습니다. 자꾸 현실 속에서 던져보고, 상대방의 반응을 보면서 자신만의 질문의 힘을 키워나가야 합니다. 아무리 아령이 가까이 있더라도 들고 써봐야 근육이 키워지는 것과 같은 이치이지요.

이 책이 시작된 지점도 질문이었습니다. 몇 년 전 다른 책 작업으로 이 책의 편집자와 대화를 나누던 중, 듣기에 대한 이야기를 나누다가 "질문에 대한 책을 만들어보면 어떨까요?"

라고 말했던 적이 있습니다. 편집자는 검토 후 내게 좋다면서 함께 만들어보자고 했습니다. 그때 그런 질문을 던지지 않았다면 어땠을까요? 질문을 던져봐야 상대방이 관심 갖지 않을 거라고 생각하고 마음속으로만 그 질문을 잠시 가졌다면 어땠을까요? 여러분이 지금 읽고 있는 이 책은 세상에 나오지 않았을 것입니다. 저로서도 질문에 대한 책을 펴낸다는 성취는 이루지 못했을 것입니다. 질문은 때론 세상에 나오지 않을 것들을 만들어내기도 합니다.

독자 여러분도 이 책을 통해 자신만의 질문을 만들어내고, 또 직접 사용해보시길 바랍니다. 앞서 살펴본 것처럼 제대로 던진 질문은 취업과 데이트에서의 성공 확률도 높일 수 있습니다. 가까이에서 함께 살거나 놀거나 일하는 사람들과의 관계도 개선할 수 있습니다. 얼마 전 병원에서 일하는 간호사 분들과 함께 갈등 관리에 대한 워크숍을 진행한 적이 있었습니다. 네, 맞습니다. 갈등 관리에서도 좋은 질문과 적극적 경청은 중요한 역할을 합니다. 워크숍을 마치고 바로 다음 날 한 간호사분이 제게 이런 메일을 보내왔습니다.

"어제 아이에게 질문으로 대화 이끌어가기를 해봤는데 정말 아이에게 화내지 않고 제가 원하는 바를 이루게 되더라고요. (물론 참을 인 백만 개가 필요하긴 했어요.ㅋㅋ) 감정 다루기도 스포츠처럼 연습과 훈련이 필요할 테니 조급해하지 않고 천천히 실천해볼 예정입니다."

　이런 연락을 받을 때 저는 굉장한 보람을 느낍니다. 지금 이 글을 쓰는 순간에도 이 메일을 받을 때가 생각이 나서 제 얼굴이 밝아지는 것을 느낍니다. 어떠세요? 여러분께서 직업적으로 그리고 삶 속에서 좀 더 나은 질문으로 더 좋은 기회들을 만들어가시는 것 말이지요. 제가 도와드릴게요. 2부에서는 먼저 질문을 디자인하는 네 가지 지침을 알려드립니다.

꼬리에 꼬리를 무는
질문 만들기

후속 질문(follow-up questions)을 한번 만들어보는 연습을
해볼까요? 3부에서 후속 질문으로 대화를 이끌어가는 방법
에 대해 상세하게 알려드리겠지만, 여기에서 잠시 간단한 연
습을 해보지요. 후속 질문 만들기에 다르게 접근하기 위해서
는 여러분이 기자가 되었다고 상상하고 하나의 주제나 인물
에 대해 관련 질문을 꼬리에 꼬리를 물고 던진다고 생각하시
면 됩니다. 예를 들어, 제가 기자의 입장에서 이 책의 독자인
여러분을 취재한다고 하면 저는 다음과 같은 후속 질문의 후
보군을 생각해볼 수 있습니다.

1. 왜 이 책을 구매하거나 읽게 되셨나요?

2. 이 책을 읽기 이전에 질문에 대해서 특별히 생각해본 적이 있으신가요?

3. 이 책을 읽으면서 질문에 대한 나의 생각 가운데 변화한 것이 있다면 그것은 무엇인가요?

4. 지금까지 읽은 부분 중 가장 기억에 남는 부분은 무엇입니까?

5. 이 책에서 가장 만족하지 못하는 부분은 무엇입니까?

6. 만약 이 책에 대한 서평을 쓴다면 어떤 헤드라인을 달게 될까요?

7. 지금까지 살면서 누군가에게 받아본 질문 중 기억에 남는 것이 있다면 무엇입니까?

8. 만약 원하는 사람 누구에게라도 질문을 할 수 있는 기회가 온다면 누구에게 어떤 질문을 하고 싶으세요?

9. 질문을 할 때 걱정되는 부분은 무엇인가요?

10. 이 책에서 나온 질문 중 여러분이 한번 사용해보고 싶은 것은 무엇일까요?

이 정도의 질문만 갖고도 대화를 이끌어갈 수 있습니다. 상대방의 답변에 따라 왜 그렇게 생각하거나 느꼈는지, 관련된 경험이나 에피소드가 있는지 등등으로 질문을 할 수 있겠지요. 이런 질문으로 이어진 대화의 목적이 무엇이냐고요? 예리한 질문입니다. 제가 만약 독자인 여러분과 이런 질문으로 대화를 한다면 이 책에서 여러분이 기억에 남는 것을 스스로 정리하는 데 도움을 드리고 싶고요, 특정 질문 유형을 직접 써보도록 가이드가 되고 싶습니다. 아직 여러분이 예상하는 답이 나오지 않았다고요? 네, 맞습니다. '진짜' 목적은 여러분께서 이 책을 너무나 좋아하게 만들고 싶어요!

PART 2

질문을 디자인하는
네 가지 방법

그림을 그릴 때도 구도를 잡아야 하고, 집을 지을 때도 설계를 해야 하듯, 질문을 만들 때도 지침이 필요합니다. 2부에서는 질문을 디자인하는 데 있어 우리가 알아야 할 네 가지 지침을 알려드리겠습니다. 이 지침을 잘 이해하게 되면, 여러분의 상황에 맞게 수많은 질문들을 만들고 던질 수 있게 됩니다.

과거보다 미래 방향으로

뒤를 돌아보는 것은 무엇을 위해서인가요? 바로 앞으로 나아가기 위해서입니다. 그러나 우리는 이 사실을 종종 잊어버립니다. 대화나 질문을 할 때도 마찬가지입니다. 너무 과거에만 집중하다 보면 앞으로 나아갈 동력을 잃어버릴 수 있습니다. 똑같은 질문을 과거가 아닌 미래 방향으로 바꾸기만 해도 여러분이 원하는 것, 즉 미래의 개선 효과를 얻을 가능성을 높일 수 있습니다.

피드백은 중요하다. 하지만…

상사로부터 솔직한 피드백(feedback)을 받아본 적이 있으십니까? 아, 솔직한 칭찬 말고 내가 잘못한 것에 대한 솔직한 피드백을, 그것도 연간 업무 평가하는 자리에서 들어본 적이 있으신지요? 반대로 부하직원에게 이런 솔직한 피드백을 전달해본 적이 있으신가요? 솔직한 피드백이란 아침마다 나의 있는 모습을 그대로 비춰주는 거울과 같은 것입니다. 즉 내가 한 말이나 행동이 다른 사람들에게 어떻게 비춰지는지를 다른 사람의 입을 통해 듣게 되는 것이지요. 솔직한 피드백은 잘만 사용하면 커리어 개발에 있어 커다란 계기가 될 수 있습니다.

저는 직업상 많은 사람들 앞에서 강연을 하거나 워크숍을 진행할 때가 있습니다. 잠시 여러분도 지금 제 강연을 듣고 있다고 상상해보시겠어요? 강연장에는 정확히 100명의 사람이 있다고 가정해보지요. 저는 앞에서 마이크를 들고 화면에 띄워놓은 슬라이드를 가리키며 열심히 강연을 하고 있습니다. 자, 이 강연장에서 제가 강연하는 모습을 보지 못하는 유일한 사람이 딱 한 사람 있습니다. 바로 강연자인 저입니다. 저는 제가 강연하는 말투나 행동이 그 자리에 앉아 제 강의를 듣고 있는 100명의 사람들에게 어떤 영향을 미치는지, 재미는 있는지에 대해 정확히 알 수가 없습니다. 제가 할 수 있는 일이란 나를 쳐다보며 열심히 듣는 사람과 핸드폰에서 열심히 문자를 확인하는 사람의 수가 얼마나 되는지, 졸고 있는 사람은 얼마나 되는지 등을 통해 간접적으로 유추할 뿐이지요. 만약 제가 강연한 모습을 동영상 카메라로 찍은 뒤 다시 본다면 좀 더 객관적으로 저의 모습을 볼 수 있겠지요. 1부에서도 말씀드렸지만 실제 제가 고객들의 프레젠테이션 코칭을 할 때 가장 효과적인 수단은 그분들이 발표하는 장면을 찍어놓고 함께 보는 것입니다. 자신의 모습을 직접 보는 것만큼 효과적인 코칭 수단이 없거든요.

만약 제가 100명의 솔직한 피드백 중에서 가장 많은 사람들이 공통적으로 느낀 점을 찾아낼 수 있다면, 이 자료는 제게 매우 중요한 자료가 됩니다. 많은 사람들이 좋다고 느낀 것은 계속 유지하고, 불편하게 느낀 점은 개선하도록 노력하게 되기 때문입니다. 하지만 강연 뒤 사람들을 직접 만나서 이야기를 들어보면 대부분 "좋았어요" "최고예요"라는 조금 영혼 없는 답을 듣는 경우가 많습니다. 이는 사실 자연스러운 현상인데요. 굳이 남에게 공개적으로 불편한 피드백을 줄 동기가 딱히 없기 때문입니다. 그래서 가장 좋은 방법은 무기명 피드백을 받아보는 것입니다. 자신의 신원을 노출하지 않는 상태에서는 좀 더 솔직한 피드백을 줄 수 있기 때문이지요. 물론 이런 무기명 피드백에 참여하는 것조차 불편하게 느끼는 분들도 있기는 합니다만.

그래서 내가 개선해야 할 점에 대해 솔직한 피드백을 슬쩍 알려주는 상사나 동료, 후배가 있다면 이는 사실 엄청 고마워해야 할 일입니다. 대다수의 사람은 내게 그 피드백을 용기 내어 직접 전달해주기보다는 뒤에서 욕하는 방법을 택하거든요. 솔직하고 건설적인 피드백을 준다는 것은 내 성장에 도움이 되는 비타민을 주는 것과 같습니다. 물론 이 비타민을 먹을지 안 먹을지는 내 결정이긴 합니다만.

하지만 약이 입에 쓰듯이, 개선해야 할 점에 대해 피드백을 주거나 받는 것은 사실 고통스러운 일이기도 합니다. 많은 경우 방어적이 될 수밖에 없고, 더군다나 이러한 평가가 나의 승진이나 연봉에 연결된다는 가능성을 생각하면 이에 대해 쉽게 수긍할 수가 없습니다.

피드백에는 딜레마가 있습니다. 솔직하고 건설적인 피드백은 업무 능력이나 커리어 발전을 위해서 매우 중요한 도구입니다. 동시에 아무리 건설적이라 하더라도 상대방으로부터 내가 잘 못하고 있는 부분에 대해 피드백을 받게 되면 방어적 심리가 작동하게 됩니다. 문제는 개선점에 대해 피드백을 받고 싶다 하더라도 피드백을 주는 사람들이 부담을 느낄 수도 있다는 점입니다. 때로는 부하직원이 개선을 위해 피드백을 받고 싶어도 상사에게 제대로 피드백을 못 받는 원인이기도 합니다. 직업적으로 저는 고객사의 조직문화에 대한 정밀 진단을 할 때가 있습니다. 조직문화가 좋지 않은 경우에 그 이유를 파고 들어가 보면 상하 간에 혹은 동료 사이에 피드백이 원활하지 않은 것이 그 주요 원인인 경우가 꽤 많습니다.

심리학자인 뉴욕대학교의 테사 웨스트(Tessa West)와 캐서린 토슨(Katherine Thorson) 등의 연구자 그룹은 컨설팅 기업의 직원들을 대상으로 흥미로운 연구를 하여 발표한 적이 있습니다.[4] 이들은 모의 협상을 실시하게 한 후, 협상 파트너에 대한 피드백을 주고받게 하면서 심장 박동을 측정하였습니다. 피드백 대화를 나누는 사람들의 심장 박동은 놀랍게도 최대 50퍼센트 상승했는데요. 이는 대중 앞에서 강연할 때 느끼는 불안감으로 올라가는 심장 박동 수와 비슷한 수치입니다. 받는 사람의 입장에서는 나에 대한 피드백을 공격으로, 주는 사람의 입장에서는 피드백 주는 것을 상대방이 싫어하면 어쩌지라는 걱정으로 모두에게 위협으로 인식되기 때문입니다.

피드백은 중요한데, 현실적으로 주는 사람이나 받는 사람이나 부담을 느끼는 이 딜레마를 어떻게 극복할 수 있을까요? 그 해답은 전문가들이 찾아놓은 좋은 질문에서 찾아볼 수 있습니다. 계속 살펴보지요.

운전은 거울이 아닌 창문을 보면서 해야 한다

전 세계 최고의 리더십 코치로 꼽히는 마셜 골드스미스는 피드백의 중요성을 인정하면서 피드백이 가진 부작용에 대해서도 이야기합니다. 아무리 건설적인 피드백이라 하더라도 이를 주거나 받는 것에서 오는 방어심리와 같은 부작용 때문에 그렇습니다. 피드백을 받는 것에도 주는 것에도 사람들은 어느 정도 두려움을 느낍니다.

갤럽은 2016년 '밀레니얼'에 대한 흥미로운 조사 보고서[5]를 내놓은 적이 있습니다. 이들의 연구에 따르면 밀레니얼 세

대들은 그 이전 세대에 비해 즉각적인 피드백과 소통을 선호
한다는 것입니다. 왜냐하면 이들은 어릴 때부터 소셜미디어
를 통해 소통을 하면서 실시간으로 긍정적이든 부정적이든
피드백을 받으며 자란 세대입니다. 하지만 조사 대상 밀레니
얼 세대 중 19%만이 일상적으로 피드백을 받는다고 응답했
습니다. 물론 이들이 적극적으로 상사에게 피드백을 요구하
는 것도 아니었습니다. 상사들은 피드백을 평상시에 주고받
는 것에 대해 밀레니얼 세대만큼 익숙하지 않았을 것이고, 밀
레니얼은 익숙하고 자신의 성장을 위해 원하지만, 굳이 주지
않는 상사에게 요구하지도 않는 상태인 것이지요.

　뇌과학을 이용해 리더십을 연구하는 미국의 뉴로리더십 연
구소(NeuroLeadership Institute)의 데이비드 록, 베스 존스, 크리
스 웰러는 갤럽의 연구를 인용하면서 피드백을 먼저 구하는
방향으로 조직을 바꿔나갈 필요가 있다고 말합니다.[6] 1년에
한 번 인사 고과 평가 때 상사가 부하에게 주는 피드백이 아
니라, 평상시에 일을 해나가면서 자주 자신의 일에 대해 피드
백을 주변 사람들에게 묻게 되면 피드백에 대한 두려움이 줄
어들고, 자연스럽게 조직문화 개선에도 도움이 된다는 말입
니다.

하지만 피드백을 먼저 구한다는 것도 생각해보면 그렇게 쉽지만은 않습니다. 지난달이건 지난주이건 자신이 과거에 한 일에 대해서 남에게 의견을 요청하는 것이 마음 편하지는 않겠지요. 마셜 골드스미스는 갤럽이나 뉴로리더십 연구소의 연구 결과가 나오기 전부터 피드백의 이런 한계에 대해 주목 해왔습니다. 그리고 그는 피드백을 통해 과거에 대한 의견을 요청하기보다는 '피드포워드(feedforward)'를 통해 미래에 대한 제안을 요구해보라고 합니다.

피드백은 자동차의 거울에, 피드포워드는 자동차의 앞 유리창에 비유할 수 있습니다. 피드백은 과거의 내 행동이나 말에 대한 것입니다. 피드포워드는 향후 나의 개선 방향에 대한 제안을 뜻합니다. 우리가 거울을 통해 뒤만 쳐다보면서 운전할 수 없듯이 우리에게 더 중요한 것은 앞, 즉 미래에 내가 어떻게 더 잘할 수 있을까에 대한 제안입니다. 만약 제가 강연을 하고 나서 청중 가운데 누군가에게 "오늘 제 강연이 어땠나요?"라고 묻게 되면 이는 피드백을 묻는 것입니다. 이미 끝난 강연에 대해 묻는 것이기 때문이지요. 하지만 "오늘 제가 한 강연을 다음 달에 또 하게 되어 있는데요. 제가 어떤 점을 고려하면 다음번에 좀 더 잘할 수 있을까요?"와 같이 미래에 대한 제안을 구하는 방식으로 묻게 되면 이는 피드포워드가 됩니다.

그렇다면 왜 피드포워드가 피드백보다 더 효과가 있을까요? 과거에 이미 한 행동에 대해 피드백을 주는 것은 다소 '정치적' 부담이 있습니다. 상대방에게 부정적으로 들릴 수 있는 의견을 내가 전달해야 하기 때문이지요. 그래서 대부분의 사람들, 열에 아홉은 솔직한 피드백을 좀처럼 주지 않습니다. 반면에 피드포워드는 미래에 더 잘할 수 있는 방법에 대한 아이디어를 제안하는 것이기 때문에 정치적 부담이 덜합니다. 또한 피드백은 통상 상사가 부하에게 주는 형태이지만, 피드포워드는 부하가 상사에게 요청할 수도 있고, 반대로 상사가 부하에게 요청할 수도 있습니다.

몇 년 전에 제가 한 기업의 임원과 부하직원인 과장과 함께 차 한잔을 마시며 대화를 했던 적이 있습니다. 어떤 프로젝트에 대해 잘되어가고 있는지 제가 물었을 때, 그 임원은 "난 잘되었다고 생각하는데요"라고 말한 뒤 옆에 있는 과장을 쳐다보면서 "그런데 박 과장은 어떻게 생각해?"라고 물었습니다. 박 과장은 어떻게 답했을까요? 네. 여러분이 예상한 그대로입니다. 박 과장은 당연히 "잘되었다고 생각합니다"라고 말했습니다. 너무 뻔하지 않나요? 상사가 잘되었다고 말한 뒤, 부하 직원에게 의견을 물으면 거기에서 잘 안되었다고 말할 수 있는 사람이 얼마나 될까요? 이렇게 피드백이나 의견을 구하게 되면 뻔한 답밖에 얻을 수 없습니다. 물론 그 임원이 뻔한 답을 원했다면 어쩔 수 없겠지요.

하지만 만약 이 임원이 이미 진행된 프로젝트에서 개선해야 할 점에 대한 의견을 모아 향후 프로젝트에서 좀 더 나은 실행을 할 생각이 있다면 어떻게 대화를 했어야 할까요? 피드포워드를 활용하여 이렇게 질문할 수 있습니다. "박 과장, 이번 프로젝트가 잘된 점도 있지만, 우리가 다음번에 이와 동일하거나 유사한 프로젝트를 다시 하게 된다면, 이번보다 어떤 점을 개선할 수 있을까?" 이렇게 질문하게 되면 박 과장은 비교적 부담 없이 개선안에 대한 아이디어를 내놓을 수 있게 됩니다.

왜 그럴까요? 피드백, 즉 과거에 대한 의견이 아닌 피드포워드, 미래에 프로젝트를 할 때 개선할 수 있는 부분에 대해 물었기 때문에 정치적 부담이 덜합니다. 그것만 있을까요? 네! 한 가지가 더 있습니다! 바로 임원이 자신의 의견을 먼저 말하지 않았다는 점입니다. 만약 임원이 "나는 이렇게 생각하는데 박 과장은 어떻게 생각해?"라고 하면 박 과장이 발언할 수 있는 입지나 영역은 줄어들게 됩니다. 예를 들어 임원이 문제라고 생각하는 것보다 더 심각한 문제를 박 과장이 떠올렸다면 주저하게 되겠지요.

베스트셀러 《넛지(Nudge)》의 공저자 중 한 사람인 하버드 법대의 캐스 선스타인 교수는 특정한 결론으로 팀원들에게 영향력을 행사하고자 하는 리더와 훌륭한 의사결정을 하고자 하는 리더의 전략은 다르다고 하면서, 리더들이 하는 실언 중의 하나가 "나는 이런 방향이 맞는다고 생각하는데 여러분 생각은 어때요?"라고 지적합니다. 우리보다 수평적인 소통을 하는 미국에서도 이렇게 말하고 나면 부하직원들이 자신이 정보(상사의 결정이 잘못된 결과를 초래할 수 있다는 중요한 정보!)나 아이디어를 갖고 있어도 이야기하기를 꺼리게 된다는 것이지요. 그래서 선스타인 교수는 상대방의 의견을 듣기 전에 리더가 자신의 의견을 이야기하기보다는 침묵하는 것이 도움이 된다고 말하고 있습니다.[7]

자, 이제 여러분이 피드포워드를 직장과 가정에서 사용할 수 있는 두 가지 '시크릿 팁'을 드리면서 이번 장을 마무리하고자 합니다. 여러분이 직장에서 연말 업무 평가를 12월에 받는다고 가정해보겠습니다. 상반기에도 일을 잘하는 것이 중요하지만, 하반기에 일을 잘하는 것은 더욱 중요하겠지요. 평가자들도 사람인지라 평가 시점에 자신의 머릿속에 평가 대상자에 대한 좀 더 뚜렷한 좋은 기억이나 인식에 근거하여 사람들을 평가하기 마련이니까요. 업무 평가를 3-4개월 앞둔 시점에 면담을 신청해보세요. 혹은 자연스러운 티타임 등의 자리에서 시도하셔도 좋습니다. 상사와 무슨 이야기를 하느냐고요? 피드포워드를 시도해보는 것입니다. 예를 들어 제가 강 차장이라고 가정해보지요. 강 차장은 부하직원을 둔 매니저가 된 지 6개월 정도 되었다면 이렇게 상사에게 질문할 수 있습니다. "이사님. 제가 매니저가 된 지 반년이 지났고, 열심히 하려고 했지만, 개선해야 할 점도 당연히 있을 것입니다. 이사님께서 보시기에 제가 앞으로 더 좋은 매니저가 되려면 어떤 점을 신경 쓰면 좋을까요?" 이때 상사가 제안하는 아이디어 중에서 시도하고 싶은 것 몇 가지를 골라 실제로 개선을 시도하고, 그 과정에서 어떤 점이 도움이 되었는지를 종종 상사에게 알려주세요. 이런 피드포워드가 효과가 있는지를 알

> ### 더 나은 내일을 위한 질문이 상대를 움직인다
>
> ▶ **직장에서**
> "저는 이 조직에서 더 나은 ○○○이 되고 싶습니다. 제가 어떤 부분을 좀 더 신경 쓰면 좋을까요?"
>
> ▶ **가정에서**
> "나는 자기에게 더 좋은 짝이 되고 싶은데… 내가 자기에게 어떻게 하면 더 좋은 파트너가 될 수 있을까?"

고 싶다고요? 그럼 이렇게 생각해보세요. 여러분이 상사라면 부하직원이 이렇게 자신에게 조언을 구할 때 그 직원에 대해 어떻게 생각하게 될지? 설사 그 직원이 평가에서 좋은 점수를 받기 위해 이렇게 하는 것을 안다고 하더라도 내 조언을 실제 실천으로 옮기며 개선해나가는 직원에게는 가능한 선에서 아무래도 더 좋은 점수를 주게 되지 않을까요?

또 하나는 가정 혹은 개인적 관계에서 사용하는 방법입니다. 일하는 곳을 벗어나면 우리는 누군가에게 특별한 사람이 됩니다. 남자친구, 여자친구 혹은 동성 파트너일 수도 있고요. 가족이 될 수도 있겠지요. 저는 아내에게 1년에 딱 한 번 (많을 때는 두 번) 이렇게 피드포워드를 구합니다. "우리가 결

혼한 지 ○년 되었는데, 내가 자기에게 어떻게 하면 좀 더 나은 남편이 될 수 있어?"라고 말이지요. 언젠가 한 워크숍에서 고객에게 피드포워드를 설명하면서 저의 이런 개인 경험담을 이야기했더니 한 분이 물으시더군요. "그때 아내분의 답변은 무엇이었습니까?" 아! 신혼 몇 년 동안은 자신 있게 "지금 그대로 딱 좋아!"라고 아내가 말했습니다. 제가 이 글을 쓰고 있는 지금은 일곱 번째 결혼기념일을 나흘 앞두고 있는데요. 얼마 전 이 피드포워드 질문을 했더니 "물건을 쓰고 나면 제자리에 다시 가져다 놓아줘"라고 하더군요! 저는 군말 없이 넷플릭스 채널에서 곤도 마리에의 〈설레지 않으면 버려라〉를 시청했고, 한국의 유명한 정리전문가 윤선현 대표의 글도 읽었습니다. 그리고 그들의 조언에 따라 옷장부터 정리하기 시작했습니다. 마지막 교훈. 피드포워드는 실천으로 뒷받침될 때 힘이 있습니다. 저도 앞으로 정리 잘하는 사람으로 거듭나려고요.

부정보다 긍정 방향으로

우리에게는 두 가지 P라는 선택안이 있습니다. 하나는 부정적 문제점(Problems)의 P, 또 하나는 긍정적 가능성(Possibilities)의 P이지요. 문제점을 정의하고 해결하는 대화에 익숙한 우리에게 많은 연구들이 또 다른 대화법을 써보라고 권유합니다. 바로 긍정적 방향에서 가능성에 대한 질문을 던지고 생각해보라는 것입니다. 기존의 방식으로 문제가 풀리지 않고 변화가 일어나지 않을 때는 이런 새로운 긍정적 대화 방식을 시도해볼 필요가 있습니다.

옳은 말이 꼭 먹히는 게 아니다

'옳은' 말이 꼭 '먹히는' 것은 아닙니다. 어느 분야의 지식을 갖고 있는 사람이 가장 손쉽게 할 수 있는 일 중의 하나가 '옳은 소리'를 하는 것입니다. 칼럼을 쓰거나 컨설팅·강의를 해오면서 제가 한때 회의론에 빠졌던 것도 같은 맥락입니다. 파워포인트 위의 화려한 도식 안에 고객사의 문제점을 적어놓고, 이를 화살표 방향대로 처리하면 문제가 해결될 것 같지만, 현실 속에서 그런 그림은 먹히지 않는 때가 많습니다. 최고 경영진의 힘으로 위에서부터 밀어붙이면 물론 도움이 되지만, 모든 일을 그렇게 하게 되면 직원들은 CEO만 바라보게 되고 '시키는 대로'만 수동적으로 하게 될 수 있지요. 칼럼이나 강의에서 문제를 지적하면서 옳은 소리를 하는 것에도 비슷한 회의감을 느낄 때가 있습니다.

이런 회의론에 빠지면서 저는 점차 리더와의 1:1 코칭을 하거나 소규모 워크숍을 컨설팅 방법론으로 활용해오고 있습니다. 이러한 워크숍에서 저는 되도록 말을 많이 하지 않으려고 합니다. 참석자들이 대화하고 방향을 잡아갈 수 있도록 판을 짜고 진행하는 역할을 할 뿐이지요. 이때 판을 짜는 데 있어 가장 중요한 것이 바로 전략적인 질문을 디자인하는 것입니다. 제일 좋은 컨설팅은 내부 임직원이 스스로 변화의 필요성을 느끼고 변화의 방향을 정하며, 실행해나가는 것이며 외부 전문가는 이에 도움을 주는 역할을 하는 것이 맞는다고 보기 때문입니다. 멋진 보고서나 한두 시간의 강의로 어떤 변화를 만드는 것은 힘듭니다.

2016년 봄과 가을, 미국 오하이오주 클리블랜드에 위치한 케이스 웨스턴 리저브 대학교의 웨더헤드 경영대학원에 방문한 것은 긍정탐구(Appreciative Inquiry) 방법론[8]을 1980년대에 창안하여 지금까지 보잉과 같은 기업은 물론, 컨설팅사인 맥킨지, UN 등과 협업을 해온 데이비드 쿠퍼라이더(David Cooperrider) 교수에게 직접 배우기 위함이었습니다. 이 대학원은 특히 최초로 조직행동 분야를 경영대학원의 프로그램으로 만들고 박사학위를 낸 곳으로 조직개발 및 변화 프로그램에서 선도적 역할을 해오고 있습니다. 데이비드 쿠퍼라이 더 교수는 1980년대에 멘토였던 수레시 스리바스트바(Suresh Srivastva)와 함께 긍정탐구의 토대를 만들었고, 이후 로널드 프라이(Ronald Fry), 다이애나 휘트니(Diana Whitney) 등과도 활발하게 협업하면서 발전시켰습니다. 쿠퍼라이더 교수는 전 세계에서 긍정탐구를 배우기 위해 모인 사람들과 나흘간의 워크숍을 시작하면서 피터 드러커의 말을 인용했습니다. 드러커는 리더십의 과제란 강점들이 서로 맞물리도록 하여 조직의 약점을 무의미하게 만드는 것이라고 했는데, 이것이 바로 긍정탐구의 정신이기 때문입니다.

전통적 심리학은 우울증이나 트라우마 등 인간 심리의 문제점을 파헤쳐왔습니다. 하지만 역발상으로 접근해 성공한 한국인이 있습니다. 외국에서는 인수 킴 버그(Insoo Kim Berg)로 알려진 세계적 심리상담학자 김인수 씨입니다. 그는 1970년대에 진정한 문제 해결을 위해서는 부정적 문제보다는 긍정적 해결책을 마련하는 데 집중하는 것이 더 효과적이라는 사실을 발견했습니다. 그는 남편인 스티브 드 셰이저와 함께 '해결중심모델'이란 새로운 틀을 제시했고, 이는 지금도 세계적으로 영향을 끼치고 있습니다. 최근 들어 인간은 과연 어떤 상황에서 더 행복감을 느끼는지 등을 연구하는 긍정심리학이 생겨나듯, 경영학에서는 전통적 문제 해결 방식만으로는 조직의 다양한 문제를 해결하는 데 한계점이 있다는 인식을 갖고, 긍정적 측면에서 조직의 변화를 이끌어내는 새로운 방식을 긍정탐구가 제시하고 있습니다.

우리는 문제 해결(problem solving)을 위해 문제를 정의하고, 이의 근본원인(root cause)을 찾아내어 해결책을 브레인스토밍하고 액션플랜을 만드는 프로세스에 익숙합니다. "문제가 무엇인지를 알아야 문제를 해결하지!"라는 말은 당연하게 들리지요? 과연 그럴까요? 예를 들어 몸이 아픈 환자의 경우 의사는 각종 진단과 검사를 통해 어떤 질병인지를 정의하고, 그 원인을 찾아 치료를 해야 합니다. 자동차나 기계에 문제가 생겼을 때도 마찬가지입니다. 몸속의 질병, 자동차나 기계의 문제들은 정확하게만 찾아내어 제거하거나 변화를 시키면 상황이 개선될 수 있습니다. 이런 상황에서는 전통적 문제 해결 방식이 작동합니다.

우리 조직의 문제도 이렇게 풀 수 있다면 얼마나 좋을까요? 조직 내부의 문제는 질병이나 자동차 결함이 아닌 사람의 감정과 연결됩니다. 공장의 기계가 아니라 문제를 찾아내고 해결하는 과정에서 문제가 되는 사람과 해결하려는 사람, 문제를 지적하고 방어하는 사람들 사이에는 복잡한 의견과 감정, 정치와 이해관계가 충돌합니다. 조직의 문제를 기계나 몸속의 질병처럼 해결하는 것이 말처럼 쉽지 않은 이유입니다.

이런 상황을 생각해보지요. 소비자 만족도 조사에서 79%의 소비자가 만족한다는 결과가 나왔습니다. 여러분이 CEO라면 어떤 조치를 취하겠습니까? 21%의 소비자가 만족하지 못하는 원인이 무엇인지를 찾아내고 이에 대한 개선 조치를 강구하라고 직원들에게 지시하지는 않을까요? 이 상황은 자동차 수리 서비스 업체인 영국의 비피 프로케어(BP Procare)의 실제 상황이었습니다. 이들은 문제점을 찾아 직원들에게 발표하고 개선하라고 '옳은 소리'를 했습니다.

결과는 어떻게 되었을까요? 예를 들어 컨설팅 업체에서 임원회의에 들어와서 불만족 요인이 무엇인지 정확히 분석해서 '옳은 말'을 했다고 치죠. 여러분이 일하는 회사에서는 부서별로 서로 대화하고 그 문제를 해결하기 위해 잘 협업하나요? 그럴 수 있다면 사실 문제 해결은 간단할 수 있습니다. 하지만 많은 조직에서는 옳은 말이 곧이곧대로 먹히지는 않습니다. 비피 프로케어에서도 불만족 결과가 밝혀지자 임직원들의 사기는 떨어졌고, 일부는 다른 부서를 비난하거나 책임을 떠넘기는 태도를 보였으며, 옳은 분석에도 불구하고 소비자 만족도는 더 떨어졌습니다.

비피 프로케어는 이후 문제 해결의 패러다임을 바꾸었습니다. 자신들의 서비스에 만족해하는 소비자들을 인터뷰하여 자신들의 어떤 행동이 소비자들을 만족시키는지를 찾아내고자 노력했습니다. 즉 문제의 근본원인이 아니라 부분적이기는 하지만 자신들이 만들어내고 있는 성공의 근본원인(root causes of success)에 집중한 것입니다. 그러고는 조직 내부에 결과를 발표하면서 "우리의 소비자들은 이런 점에 만족하고 있다. 조직 내부에서 이런 요인들을 연구하고 더 확대할 수 있도록 노력하자"라고 격려했습니다. 문제점을 없애거나 고치는 것이 아니라 긍정요소를 확대하도록 격려하자 8개월 만에 반전이 일어났습니다. 소비자 만족도가 79%에서 95%로 오른 것입니다. 곰곰이 생각해보면 긍정요소를 확대하고자 할 때는 임원이나 부서 사이에 정치적인 '날'을 세울 필요가 없습니다. 누구도 비난할 필요가 없기 때문입니다. 긍정탐구의 가치는 여기에 있습니다.

약점보다 강점을 묻는 효과

쿠퍼라이더 교수는 긍정탐구 워크숍 첫째 날 오전 참석자들을 두 사람씩 짝을 지어 인터뷰를 하도록 합니다. 인터뷰 질문은 크게 세 가지입니다. 이 질문은 기본 구조를 갖고 있는데, 이를 각자의 상황에 적용하여 활용해볼 수 있습니다.

> **(1) 당신의 커리어에서 당신이 가장 활발했고, 효과적이었으며, 참여감도 높았던 기억에 남는 최상의 경험은 무엇입니까?**
> A. 당시 어떤 도전이 있었고, 어떻게 돌파구를 마련했으며, 어떤 점에서 혁신이 있었나요? 그로부터 얻은 통찰이 있다면 무엇입니까?
> B. 그런 성공의 원인은 무엇이라고 보십니까?
> C. 그런 성공의 경험을 되돌아보았을 때 당신의 최고의 강점 세 가지는 무엇이라고 보십니까?
>
> **(2) 당신이 일하는 조직이 하나의 팀으로서 가장 참여도가 높았고, 효과적이었으며 열정이 넘쳤던 때는 언제입니까?**
> A. 당시 무엇이 조직을 그렇게 성공적으로 만들었다고 보십니까?
> B. 당신이 일하는 조직이 앞으로도 계속 지켜가야 할 것이 있다면 무엇이라고 보십니까?
>
> **(3) 우리가 깊은 잠에 빠져들었다가 10년 뒤인 20XX년에 깨어났다고**

상상해봅시다. 내가 속한 조직은 그 어느 때보다 실적도 좋고 조직문화도 훌륭하며 역사상 최고의 해를 맞이하고 있습니다. 주변을 둘러볼 때 무엇이 새롭고, 다르며, 더 나아졌습니까? 어떤 모습이 보이시나요? 사람들은 조직 내에서 서로 어떤 방식으로 소통하고 있나요? 20XX년의 모습과 현재의 모습은 어떤 점에서 다른가요?

질문의 구조를 보면 첫 번째 질문에서는 개인의 최상 경험과 강점에 대해 묻고, 두 번째는 개인이 아닌 조직으로서 최상의 경험과 향후 지켜나가야 할 강점이 무엇인지를 묻습니다. 마지막 질문은 미래에 대한 질문으로 조직이 긍정적으로 변화했을 때 어떤 모습들을 보고 싶은지에 대해 묻습니다. 즉 미래의 최상 경험에 대해 질문하는 것입니다.

이러한 질문들은 무엇이 문제인지를 묻기보다는 어떤 강점이 이미 우리 안에 존재하며 앞으로 무엇이 가능한지를 묻습니다. 이는 긍정탐구의 원칙에 의거하여 만들어진 질문인데, 긍정탐구에서는 조직의 구성원들이 서로 어떤 질문을 하고 이야기를 나누는지에 따라 조직이 그 방향으로 움직이고 조직의 삶을 만들어간다고 믿습니다. 또한 미래에 대해 어떤 장면을 상상하는지가 오늘 우리의 행동을 이끈다고 보지요. 물론 날마다 긍정적 대화만 나누며 살 수는 없습니다. 다만 긍정 탐구가 제안하는 것은 나 자신이 그리고 우리 조직이 너무 문제 해결의 패러다임에만 빠져들어 조직의 대화가 부정적으로만 흐르는 것은 아닌지, 이러한 부정적 대화가 지배적이어서 우리가 가지고 있는 강점마저도 약화되는 것은 아닌지 되돌아볼 필요가 있다는 것입니다.

이러한 문제 중심의 사고는 조직 내부에서 해결해야 할 이슈를 정하는 데에서도 드러납니다. 영국항공은 탑승객들의 수하물 분실로 골치를 앓게 되자 초기에 '과도한 수하물 분실(excessive baggage loss)'을 조직 내부에서 해결해야 할 이슈로 고려했습니다. 하지만 긍정탐구를 적용하여 '최고의 도착 경험(outstanding arrival experience)'이라고 재정의했습니다. 두 가지 다른 프레임으로 해결해야 할 과제를 정의했을 때, 조직 내부의 분위기나 협조가 어떤 방식으로 이루어질지는 쉽게 상상해볼 수 있습니다.

한국 내에서 여러 차례에 걸쳐 작게는 10명에서 많게는 600여 명과 동시에 긍정탐구 방법론을 써서 인터뷰를 해볼 기회가 있었는데, 무엇보다 임직원들이 해결책을 찾기 위한 대화의 몰입도가 훌륭했습니다. 긍정탐구에서 진행하는 인터뷰는 두 명이 짝이 되어 서로의 최상의 경험을 과거에서부터 미래까지 묻게 됩니다. 짧게는 한 사람당 15분에서 1시간씩 인터뷰를 진행하게 되는데, 누군가가 나의 긍정적 경험에 대해 묻고 집중해준다는 것은 방 안의 분위기를 완전히 다르게 바꾸어놓습니다.

두 가지 통찰

긍정탐구는 질문을 디자인하는 데 몇 가지 중요한 통찰을 주게 됩니다.

첫째, 직장 내 회의 등에서 던지는 질문의 방향이 우리의 목적을 이루는 데 도움이 되는지 생각해보게 합니다. 예를 들어, 우리 회사에서 판매하는 제품이 팔리지 않을 때, 우리는 보통 "왜 이 제품이 잘 팔리지 않을까?"라는 질문만 던지며 회의를 진행하지는 않는지요? 물론 잘 팔리지 않는 이유를 밝혀 이를 개선하는 방식도 있지만, 긍정탐구는 반대 방향에서의 접근도 가능하다는 것을 알려줍니다. "비록 예상만큼 많이 팔리지는 않지만, 그렇다면 우리 제품을 구매하는 소비자들은 왜 우리 제품을 사는 것일까?" "구매자들은 우리 제품에 대해서 어떤 점을 좋아하는 것일까?"라는 질문을 던져보는 것이지요. 그렇게 해서 찾아낸 점을 확산시키는 방법도 생각해볼 것을 여러분에게 권합니다.

아인슈타인은 문제를 해결하기 위해서는 문제를 만든 것과 같은 수준의 의식으로는 안 되며, 세상을 새롭게 바라보는 방법을 배워야 한다고 했는데, 긍정탐구는 문제를 해결하고 조직의 변화를 가져오기 위해서는 전통적인 문제 해결 방식이 아닌 새로운 방식, 즉 '무엇이 문제인가(what's the problem)'가 아닌 '무엇이 제대로 작동하고 있는가(what's working)'라는 새로운 수준과 관점에서 접근하게 만듭니다. 영리, 비영리를 가리지 않고 수많은 조직에서 긍정탐구 방법론을 적용해오고 있는 것은 그 새로운 가치에 공감했기 때문입니다.

둘째, 인간은 논리적이라기보다는 감정적 동물입니다. 모든 조직 내부에는 부서 간에, 사람 간에 정치가 있고, 감정의 충돌이 있습니다. 파워포인트 안의 다이어그램과 화살표처럼 조직 내부의 문제를 논리적으로 풀어내는 데에는 한계가 있다는 것을 조직 생활을 해본 사람들이라면 모두 느꼈을 것입니다. 논리적으로 맞는다 하더라도 문제에만 집중하는 질문이 때로는 팀워크를 해치고, 성과를 더 낮추는 결과를 가져올 수 있다는 점을 생각해야 합니다. 긍정 질문은 부서 간의, 사람 간의 정치적 장벽을 낮춰주고, 문제(problem)보다는 가능성(possibility)에 무게를 두고 협조하게 만드는 힘이 있습니다.

저 역시 초반에 그런 오해를 했지만, 긍정탐구 방법론을 두고 조직 내부에 산적한 문제점에는 눈을 감고, 순진하게 대화 분위기만 좋게 조성하는 것은 아닐까 하는 의심을 가질 수 있습니다. 어느 조직에나 뒷담화로 우리 조직의 문제가 무엇인

부정적 지적질만 하다 회의를 끝내지 않으려면

▶ **질문의 방향:**
"무엇이 문제일까?"(왜 많이 안 팔릴까?) 대 "무엇이 제대로 작동하고 있을까?"(아직 많지는 않지만, 소비자들이 우리 제품을 구매하는 이유는 무엇일까?)

▶ **논리의 함정:**
논리적으로 정확한 지적이라 하더라도 조직 내부에 장벽을 쌓아가게 된다면 문제에 대한 지적으로만 끝나고 실질적인 변화는 발생하지 않을 수 있다. '옳은 말'이 꼭 '먹히는 말'은 아니라는 점을 잊지 말자!

지에 대한 수많은 이야기가 오고가지요. 모두들 문제에 대한 전문가처럼 보입니다. 하지만 좀처럼 변화는 일어나지 않습니다. 모두가 '옳은 말'을 하는데도 말이지요. 문제 해결의 최종 목표는 조직 내부에 긍정적 변화를 만들어내는 것입니다. 앞서 살펴본 것처럼 인체의 질병이나 기계의 문제를 고치는 것과는 달리 감정의 동물이 모여 함께 일하는 조직은 문제를 정확하게 정의하고, 그 근원적 문제를 찾아낸다고 쉽게 변화되지 않습니다. 긍정적 변화는 똑똑한 몇 사람의 보고서나 논리에 의해서 이루어지는 것이라기보다 조직의 다양한 구성원들이 자기 자신과 조직의 변화 가능성을 스스로 발견하고, 함께 긍정적 방향의 해결책을 터놓고 대화할 수 있을 때 가능합니다.

여러분도 다음 회의 때 긍정 방향에서 질문을 한번 던져보면 어떨까요?

긍정적으로 질문하려면
어떻게 해야 할까?

여러분, 그런 비유를 들어보신 적 있나요? 물 컵에 물이 반 정도 있을 때, 어떤 사람은 "반이 비어 있네"라고 반응하고, 또 어떤 사람은 "반이 차 있네"라고 생각한다는 이야기 말이지요. 비워진 반(half-empty)을 바라보는지 차 있는 반(half-full)을 바라보는지에 대한 이 이야기는 세상을 어떤 시각에서 바라보는지를 말할 때 종종 인용됩니다. 긍정탐구 방법론으로 질문을 만들 때는 바로 차 있는 반을 바라보는 노력이 중요합니다. 예를 들어 무엇인가에 대해 우리가 70점이라는 점수를 매겼다면 왜 30점이나 틀렸는지를 묻기 전에, 어떤 점에서 70점이라는 점수를 받았는지, 긍정적 측면에서 물어보는 것이지요. 한 가지 연습을 함께 해볼까요?

CASE 1

만약 여러분이 엄청 높은 임원이나 CEO와 면담을 할 기회가 있다고 해보지요. 아마도 많은 사람이 어색해하면서 질문하지 않을 때가 있을 것입니다. 이런 경우 긍정탐구를 이용한 질문을 어떻게 던질 수 있을까요?

- "사장님, 그동안 리더십 경험을 많이 해오셨을 텐데, 가장 자랑스럽게 생각하시고, 보람이 있었던 경험은 언제였습니까?"
- 후속 질문을 할 수 있는 기회가 있다면 "그때 구체적으로 어떤 일이 있었나요?" "그때의 경험이 이후에 어떤 영향을 주었습니까?" "그때 어떻게 느끼셨나요?" 등등

이런 궁금증이 들 수도 있겠네요. 모처럼 어렵게 얻은 사장님과의 면담인데, 내가 원하는 것을 이야기하는 것이 더 낫지 않겠느냐고요. 그럼 이렇게 생각해보시기 바랍니다. 자신의

긍정적 경험을 물어봐주고, 후속 질문으로 관심을 표한 후 원하는 것을 말한 직원과 처음부터 자신이 원하는 것을 말한 직원이 있을 때 여러분이 사장이라면 누구의 말을 더 들어줄까요? 1부에서 시어도어 루스벨트 대통령의 말을 인용했던 것 기억하시나요? "사람들은 당신이 얼마나 그들에게 신경 쓰는지를 확인할 때까지는 당신이 얼마나 많이 아는지를 신경 쓰지 않는다." 긍정탐구 질문은 상대방에 대한 관심을 보여주는 좋은 도구입니다.

CASE 2

프로젝트 업무회의 상황에서 던질 수 있는 긍정탐구 질문에는 무엇이 있을까요?

- 문제점도 논의하겠지만 우선 지금까지 잘되고 있는 점이 있다면 무엇일까요?
- 프로젝트에서 잘되고 있는 부분은 무엇이고, 그 이유는 무엇일까요?
- 우리 팀이 일하면서 팀워크가 좋았을 때는 언제였나요?
- 그때는 어떤 이유 때문에 팀워크가 좋았을까요?

CASE 3

책을 더 읽고 싶고 운동을 하고 싶은 나에게 스스로 물을 수 있는 긍정탐구 질문에는 무엇이 있을까요?

- 내가 책을 잘 읽을 때는 어떤 때였지? 그때는 왜 잘 읽었지?
- 내가 운동을 그나마 규칙적으로 했을 때는 언제였지? 그때는 왜 그랬지?

제 경험 한 가지 공유할까요? 저는 사업을 하고 글을 쓰면서 책을 적게 읽는 편은 아니지만, 한 가지 아쉬움이 있었습니다. 좀 더 정신을 집중해서 책을 꼼꼼히 읽고 싶다는 생각이 있었거든요. 그래서 내가 집중해서 책을 읽을 때가 언제인지 그때는 왜 그랬는지 위와 같은 질문을 던져보고 생각해보았습니다. 여러 가지 답이 나왔습니다. 장소로 놓고 보면 집이나 작업실과 같은 조용한 공간이었고, 시간으로 보면 새벽이나 이른 아침이었습니다. 상황으로 놓고 보면 주로 혼자 있을 때였습니다.

이런 여러 가지 답변을 하던 중, 제가 가장 집중해서 책을 읽을 때는 뚜렷한 목적을 갖고 있을 때라는 생각을 하게 되었습니다. 그것이 논문이나 책을 쓰기 위한 것이든, 강연이나 칼럼 등을 위한 것이든 뚜렷한 목적이 있을 때에는 심지어 시끄러운 공간에서도, 하루 일과 중 잠시 누군가를 기다리는 시간 중에도 집중해서 읽는다는 점을 발견하게 되었습니다. 그래서 내가 읽고 싶은 책과 특정한 목적을 연결하는 방법이나 기회를 많이 찾게 되었습니다. 강연도 익숙한 것보다는 준비를 위해 새로운 책을 읽을 수 있고 적용할 수 있는 것이면 받아들이기도 했고, 칼럼이나 서평도 그랬습니다.

이처럼 긍정탐구에 의한 질문을 던져보고 답하는 것은 삶에서 마주하게 되는 의사결정의 순간에도 도움을 줍니다. 긍정탐구 질문은 타인에게도 스스로에게도 좋은 결과를 가져오곤 합니다.

사실에 머물지 말고 이야기를

일상에서나 직장에서나 상대방이 뜬구름 잡는 소리를 할 때가 있습니다. 대화가 실질적으로 진전이 있으려면 그가 개념적 사실 수준에서만 말하도록 놔두면 안 됩니다. 좀 더 구체적인 사례를 들어 쉽게 설명할 수 있도록 질문을 던져야 합니다. 그런 질문은 어떻게 해야 할까요? 구체적 이야기를 이끌어내기 위한 구체적 질문의 기술을 알려드립니다.

한 걸음 더 들어가보겠습니다

"한 걸음 더 들어가보겠습니다." 오랫동안 가장 신뢰받는 언론인인 손석희 뉴스 앵커가 자주 하는 말입니다. 이 말은 커뮤니케이션을 잘하고 싶다면 꼭 기억해야 할 말이기도 합니다. 질문을 하는 가장 기본적인 이유는 앞에서도 말씀드린 것처럼 잘 모르거나 애매한 것을 구체적으로 이해하기 위해서입니다. 즉, 질문의 중요한 목적 중 하나는 개념적인 사실에서 '한 걸음 더 들어가서' 구체적인 이야기를 나누고 이해하기 위해서입니다.

예를 들어 상사가 어느 월요일 회의에서 "우리 팀의 조직문화를 바꿔야 합니다"라고 이야기했다고 치지요. 조직문화를 바꾼다는 것은 수백 가지의 의미를 갖고 있습니다. 그 팀에 100명이 있다면 이 말을 듣는 순간 아마도 100가지 그림이 머릿속에 그려질 것입니다. 어떤 사람은 출퇴근 시간이나 복장이 자유로워지는 것을 생각할 수 있고, 또 어떤 사람은 회의문화나 보고서가 바뀌는 것으로 생각할 수도 있습니다. 물론 가장 이상적인 것은 상사가 직접 구체적으로 조직문화 변화의 의미가 무엇인지를 말해주는 것이겠지만, 모든 상사가 그러지는 않습니다. 그렇다면 우리는 한 걸음 더 들어가서 이해할 수 있도록 질문을 해야 합니다. 예를 들어 이렇게 질문할 수 있겠지요. "팀장님. 조직문화를 바꿔야 한다는 방향에 전적으로 동의합니다. 그런데 저희가 그런 변화에 좀 더 잘 동참할 수 있도록 한 가지 질문을 하고 싶은데요. 팀장님께서 우리 팀의 조직문화가 성공적으로 변화된 상황을 생각하실 때 어떤 그림을 그리고 계신가요?"

소통에서 구체적이란 말은 그림을 그리듯이 말하는 것을 말합니다. 조직문화 변화라는 말은 개념적인 말입니다. 머릿속에 같은 그림을 그리기 힘듭니다. 하지만 구체적으로 그림 그리듯이 이야기하면 사람들은 좀 더 공통의 이해를 할 수 있지요. 팀장이 이렇게 말합니다. "음, 내가 생각하기에 우리 팀의 조직문화가 개선되었을 때 가장 먼저 떠오르는 장면은 회의실의 풍경입니다. 지금은 상사인 제가 주로 여러분에게 지시를 하고 있고, 여러분은 모두 수첩에 열심히 필기만 하고 있지요. 아무런 질문도 없고요. 조직문화가 개선된다면, 여러분이 좀 더 활발하게 의견을 제시하고, 서로 어떻게 협조할 수 있는지에 대한 토론도 벌어지면 좋겠네요." 자, 이제 '조직문화를 바꿔야 한다'는 당위론적인 사실과 회의실의 풍경을 바꾸자는 이야기의 차이가 보이시는지요? 이렇게 되면 함께 회의 문화 개선을 위해 어떻게 해야 할지 공통의 논의를 할 수 있겠지요.

업무를 하면서 이처럼 구체적 이야기를 끄집어내는 질문이 중요한 순간은 바로 목표에 대한 이야기를 나눌 때입니다. 모든 일이 그렇듯 도달하고자 하는 목표에 대한 그림이 똑같아야 업무를 효율적으로 추진할 수 있기 때문입니다.

여기에서 잠깐. 역사상 가장 많이 판매된 자기 계발서는 무엇일까요? 1998년 스펜서 존슨이 쓴 《누가 내 치즈를 옮겼을까?》가 전 세계에서 2,600만 부를 팔아 1위를 차지합니다. 2위는 1989년 스티븐 코비가 쓴 《성공하는 사람들의 7가지 습관》으로 2,500만 부가 팔렸습니다. 판매량에서 2위를 차지했지만 스티븐 코비가 자기 계발 영역에서 차지하는 비중은 상당합니다. 〈뉴욕타임스〉는 스펜서 존슨이 사망했을 때 "《누가 내 치즈를 옮겼을까?》의 저자 78세에 세상을 뜨다"라고 썼지만, 스티븐 코비가 사망했을 때는 "훌륭한 습관의 전도사, 79세에 세상을 뜨다"라고 적었습니다. 코비는 단순히 베스트셀러의 저자를 넘어서서 전 세계에서 자기계발 트레이너들을 수 없이 양성해내고 사업화했던 인물입니다. 요즘 우리나라에서도 오디오북이 점차 인기를 끌고 있는데요. 예전에 오디오북은 CD에 담아서 파는 형태였습니다. 이런 오디오북을 처음으로 100만 부 이상 판매한 책이 바로 《성공하는 사람들의 7가지 습관》입니다. 미국의 42대 대통령이었던 빌 클린턴은 미국 사람들이 코비의 조언을 따른다면 미국의 생산성이 엄청나게 향상될 것이라고 말할 정도였습니다. 출간된 지 30년이 된 책이지만, 그가 정리한 7가지 습관은 상식적이면서도 변함없이 중요한 것이어서 오늘날에도 새겨볼 만합니다. 그중에서도 두 번째 습관 "끝을 생각하며 시작하라(Begin with the end in mind)"는 우리가 각종 프로젝트를 진행할 때 매우 중요합니다. 내가 매일 열심히 하는 일이 결국 최종적으로 어떤 그림을 그리기 위한 것인지를 처음부터 알고 시작해야 사람들은 더욱 동기 부여가 되고, 정확하게 집중해서 일을 해나갈 수 있습니다.

이처럼 도달하고자 하는 끝 그림을 구체적으로 생각하고 현재로부터 그 그림에 도달하기 위한 과정을 구체화시키는 질문은 어떻게 해야 할까요? 다음에는 몇 가지 도구를 합쳐서 여러분이 질문을 만드는 데 도움을 드리고자 합니다.

그로(GROW), 스마트(SMART), 6하 원칙이 만날 때

코칭 대화 기법 중에 '그로(GROW) 모델'이란 것이 있습니다. 아마도 코칭 리더십이나 코칭 대화 기법에 대한 책을 읽거나 교육을 받아보신 경험이 있다면 익숙한 도구일 것입니다. 잠깐 하나씩 살펴볼까요?

먼저 'G'는 목표(Goal)를 뜻합니다. 코칭 대화에서도 먼저 목표를 명확하게 하는 것이 중요합니다. 예를 들어 고객이나 동료가 '더 좋은 상사가 되고 싶다'라고 말할 때 우리는 그들이 좀 더 명확하게 자신의 목표를 생각해볼 수 있도록 질문을 통해 도와줄 수 있습니다. "1년 뒤 지금보다 더 좋은 리더가 되었다고 생각했을 때, 어떤 그림이 떠오르나요?" 혹은 "1년 뒤 지금보다 더 훌륭한 리더가 되었다고 가정했을 때, 주변 사람들과는 어떻게 소통하고 관계를 맺고 있는 모습이 생각되나요?"

목표에 대한 질문을 할 때 그 목표는 구체적이고(Specific), 목표 달성을 측정할 수 있어야 하며(Measurable), 상위 목표와 잘 연결되어 있어야 하고(Aligned), 현실적으로 성취 가능하며(Realistic), 시간이 정해져야(Time-bound) 합니다. 이 요소들의

93

앞 글자를 따서 '스마트(SMART) 목표 설정'이라고 하지요. 보통 사업 목표를 설정할 때 이 다섯 가지 요소를 많이 따지게 되는데요. 이 요소들을 질문으로 전환할 수도 있습니다. 앞서 살펴본 질문처럼 목표를 달성했을 때 떠오르는 그림이나 상황을 묘사하도록 질문하는 것은 '구체성'을 강화하기 위한 질문입니다. 이 밖에도 "목표를 달성했을 때, 우리가 성공했는지 여부를 어떻게 알 수 있을까요?"(측정 가능성), "지금 말씀하신 목표는 우리 조직의 비전(혹은 연간 목표)과는 어떻게 연결될까요?"(연결성), "이 목표는 가능하다고 보시는지요?"(현실성), "언제까지 무엇을 완성해나가야 합니까?"(시간 설정)와 같이 SMART에 맞추어 목표에 대한 질문을 해나갈 수 있습니다.

직장에서 일하는 분들과 이야기를 나누다 보면 상사가 업무 지시를 애매하게 내려 고생하는 분들을 적지 않게 볼 수 있습니다. 그럴 때 여기에서 제시한 SMART 질문을 사용하여 상사가 명확하게 지시를 전달하도록 유도할 수 있습니다. 다만 상사에게 이 질문을 할 때는 상사를 몰아붙이는 인상을 주지 않도록 해야 합니다. 질문을 던지는 자세가 중요한데요. 상사의 지시를 더 잘 이해하고 싶고, 이 일을 제대로 실행하기 위해 도움을 요청하는 자세로 질문을 던지는 것이 좋습니다.

상사에게 자신을 시험한다는 인상을 줄 필요는 없겠지요. 반대로 여러분이 상사의 입장에서 부하직원이 목표를 설정해서 가져왔을 때, 이를 스스로 좀 더 명확하게 만들도록 코칭을 하고 싶을 때, SMART 질문을 던질 수 있습니다.

둘째, 'R'은 현실(Reality)입니다. 성취하고자 하는 목표 지점을 알게 되었다면 이제 현실을 살펴봐야겠지요. 현실을 파악하기 위한 질문은 다음과 같이 '6하 원칙'을 활용하여 하시면 됩니다. "현재 우리는(이 프로젝트는) 어떤 상황에 있나요(혹은 어디쯤에 와 있나요)?"(where), "(현재 상태는) 왜 그런가요?"(why), "언제 문제점이 시작했나요?"(when), "누가 우리에게 도움이 (혹은 방해가) 되고 있나요?"(who), "어떻게 해서 이런 일이 발생했나요?"(how), "무엇이 문제라고 보시나요?" 혹은 "무엇이 장벽이 되고 있다고 보시나요?"(what)와 같은 질문을 할 수 있습니다.

셋째, 목표와 현실을 살펴보았으니, 이제 현실에서 목표까지 어떻게 다가설 것인지를 물어봐야 하겠지요? 'O'는 선택안(Options)에 대한 질문입니다. 간단한 브레인스토밍이 필요한 시간이지요. "목표 달성을 위한 방법으로는 어떤 것이 있을까요?" "어떤 방법들이 목표 달성을 위해 가능할까요?" "우리가 할 수 있는 것에는 무엇이 있다고 생각하시나요?" "제안이나 아이디어가 있는지요?" 이 질문에 대해 상대방이 한 가지씩 아이디어를 내놓을 때 판단은 금물입니다. 예를 들어, 상대방이 A라는 아이디어를 내놓았는데, "그런 아이디어는 이미 해봤지만 쓸모없었어요"라고 말해버리면 상대방은 위축되어 그다음 아이디어를 쉽사리 내놓지 못합니다. 상대방이 내놓은 아이디어가 마음에 들지 않더라도, 그다음 아이디어를 꺼내놓을 수 있도록 "또 다른 방법에는 무엇이 있을까요?"와 같은 질문을 통해 새로운 아이디어를 유도하도록 하는 것이 좋습니다.

만약 회의같이 여러 사람이 참여하는 상황에서 이 질문을 던진다면 포스트잇을 나누어 주어 각자가 먼저 자신이 생각한 아이디어를 써서 벽에 붙이도록 하는 것이 좋습니다. 이렇게 붙여놓고 아이디어에 대해 토론하기 시작하면 각자의 아이디어에 대해 충분히 검토해볼 수 있지만, 이런 장치가 없이 돌아가면서 아이디어를 이야기하게 되면 먼저 이야기한 것을 듣고 자신의 아이디어를 접거나 변경시킬 수 있기 때문입니다. 브레인스토밍할 때는 질보다는 양이 중요하므로 처음에 생각한 아이디어들을 모두 펼쳐놓고, 거기에서 합치거나 또 다른 아이디어를 생각해내는 것이 좋겠지요.

넷째, 선택안에서 여러 방법과 아이디어를 생각해보았다면 이제 바로 실천에 들어갈 것을 정리해야 합니다. 마지막 질문 'W'는 이제 앞으로 해야 할 것(Way-forward)을 결정하는 것과 관련이 있습니다. "조금 전 검토했던 몇 가지 선택안 중에서 우리가 가장 먼저 실천해야 할 것은 무엇이라고 보십니까?" "첫 번째 단계는 무엇이 되면 좋을까요?" "여러 아이디어를 생각해봤는데, 가장 현실적이면서 즉각 실행할 수 있는 것은 무엇일까요?" 등입니다.

그로 모델은 코칭뿐만 아니라 여러분이 제안서를 쓰거나 업무상 회의를 할 때 부하직원은 물론 상사나 동료와의 대화에도 매우 유용합니다. 저 역시 고객에게 제안서를 쓸 때 그로 모델의 구조를 따라서 하나씩 써봤던 경험이 있습니다. 목표와 현실, 선택안과 추천안의 순서로 제안서를 쓰는 것이지요.

또한 그로 모델 안에서 스마트 목표 설정을 질문으로 전환

목표
(Goal)

스마트(SMART)를 질문으로 전환한다.

- "이 프로젝트를 성공적으로 완수했을 때, 팀장님께서 머릿속으로 그리는 구체적 그림은 어떤 것인지요?"
  (구체성Specific)
- "이 프로젝트를 성공적으로 했는지 여부를 측정하는 도구는 무엇인지요?"
  (측정 가능성Measurable)
- "이 프로젝트는 우리 조직의 올해 목표와는 어떤 연관성이 있는지요?
  (연결성Aligned)
- "이 목표는 가능하다고 보시는지요?"
  (현실성Realistic)
- "언제까지 어떤 부분을 완성해야 하는지요?"
  (시간 설정Time-bound)

현실
(Reality)

6하 원칙(5W 1H)을 상황에 맞게 사용한다.

예를 들어, 상사에게 신사업 프로젝트에 대한 기초 조사를 지시받았다고 생각해보자. 이때 내가 던질 수 있는 질문들에는 다음과 같은 것이 있다.

- 현재 경쟁사는 이 신사업 분야에서 어디쯤 와 있는지?
  (where)
- 그들은 왜 이 분야에 뛰어들었는지?(why)
- 우리가 후발 주자로 이 분야에 뛰어들 때 이 분야에서 우리에게 도움이 될 수 있는 파트너와 방해가 될 수 있는 곳은 누구인지?(who)
- 우리가 시장에 진입하는 데 걸리는 시간은 어느 정도라고 예측되는지?(when)
- 경쟁자들은 어떻게 이 일을 추진해왔는지?(how)
- 이 분야에 진출하는 데 있어 우리에게 가장 필요한 것이 무엇인지?(what)

O

선택안
(Options)

브레인스토밍의 시간이다.
이때는 어떤 질문을 던질지를 생각할 뿐 아니라 그 질문에 대해 사람들이 아이디어를 최대한 두려움 없이 내놓을 수 있는 상황을 만들도록 한다. 포스트잇을 활용하여 각자가 다른 사람을 신경 쓰지 않고 아이디어를 내놓도록 하는 것은 가장 보편적인 방법이다.

W

이제 앞으로
해야 할 것
(Way-
forward)

앞의 선택안에서 추려낸 아이디어를 놓고 가장 현실적이면서도 먼저 해야 할 것들을 골라낸다.

· "가장 먼저 실행해야 할 것들은 무엇일까요?"
· "현실적으로 가능한 아이디어들은 무엇이 있을까요?"
· "우리가 실행할 것을 골라낼 때 생각해야 하는 기준에는 무엇이 있을까요?"

하거나, 어린 시절부터 배워왔던 6하 원칙 등을 통합적으로 사용할 수 있어서 후속 질문을 이어가는 데 매우 유용합니다.

고민이 있는 직원과 면담이 있나요? 부서의 연간 목표를 설정하는 회의를 진행해야 하나요? 조언보다 더 좋은 방식은 질문을 통한 코칭 대화입니다. 그리고 코칭 대화는 리더십 커뮤니케이션에서 매우 중요한 기법입니다. 그로 모델 하나만 제대로 대화에서 사용할 수 있어도 여러분은 지금보다 더 훌륭한 리더, 코치, 멘토가 되실 수 있을 것입니다. 또한 과차장급이나 팀장급 이상이 아니어도 프레젠테이션을 할 때, 상사와 면담할 때 혹은 거래처와 이야기할 때 이 기술을 익혀두면 좀 더 효과적으로 흐름을 유도할 수 있습니다. 한번 해보시길 바랍니다.

참, 한 가지 궁금한 것이 있습니다. 독자 여러분께서 이 책을 다 읽고 나서 본인에게 한 가지 긍정적 변화가 일어났다고 치지요. 그랬을 때 좋은 변화가 일어난 나의 모습을 상상해보면 어떤 그림이 떠오르시나요?

애매하게 지시하는 상사에게 해야 할 질문

천 과장은 늘 지시를 애매하게 내리는 상사 때문에 고민이었습니다. 오늘은 상사의 지시가 오른쪽이라고 생각했는데, 내일 가보면 왼쪽이기 일쑤였습니다. 이렇게 애매한 지시를 내리는 상사에게 여러분은 어떤 질문을 해 좀 더 편하게 일할 수 있을까요?

이런 상사일수록 질문을 구체적으로 좁혀서 하는 것이 좋습니다. 통상적으로는 오픈된 질문, 즉 넓게 열어주는 질문이 좋지만, 이런 상사에게 넓은 질문은 오히려 혼란을 가중시킬 수 있습니다. 따라서 "목표가 무엇인가요?"라고 묻기보다는 좀 더 바운더리를 좁혀서 질문을 해보시면 좋겠습니다. 몇 가지 예를 들어보지요.

- 부장님. 이번 프로젝트를 성공적으로 마쳤을 때, 부장님이 제게 '김 과장 정말 좋았어!'라고 말씀하실 수 있다면 좋겠는데요. 구체적으로 어떤 그림을 생각하시나요? 제가 부장님께서 머리에 그리고 있는 그림을 정확히 알아야 일을 좀 더 효율적으로 수행할 수 있을 것 같습니다.
- 이번 프로젝트의 성공을 무엇으로 어떻게 측정할 수 있을까요? 부장님께서 중요하게 생각하시는 기준이 있을 것 같은데, 알고 싶습니다.

겸손한 질문

앞서 살펴본 긍정 질문을 스스로에게 던져보겠습니다. "내 커리어에서 가장 기억에 남는 최상의 순간은 언제였을까?" 저는 최근에 이런 경험을 했습니다. 20여 년 동안 다양한 위기 관리 프로젝트를 진행해왔지만, 이 경험은 제가 꿈꿔왔던 특별한 경험이었습니다. 수개월에 걸쳐 한 외국계 기업의 경영진과 위기 예방을 위한 프로젝트를 진행했는데요. 다행히 잘 마무리되고 프로젝트를 종료하는 시점이었습니다. 이때 그

회사의 외국인 CEO로부터 연락이 왔습니다. 이번 프로젝트를 한번 돌아보고 싶다는 것이었습니다. 특히 그는 자신이 조직의 리더로서 위기 예방 프로젝트 과정에서 직원들과 어떻게 소통했는지, 자신의 리더십은 어땠는지에 대해 외부인인 저의 객관적 의견을 듣고 싶다고 했습니다. 저는 흔쾌히 그렇게 하겠다고 했습니다. 제가 그와 대화한 두 시간 정도의 시간은 제 커리어에서 보람된 순간으로 남을 만했습니다.

당시 좀 더 객관적 대화를 위해 그에 대한 리더십 진단 결과와 우리가 함께 했던 프로젝트를 연결 지어 의견을 가감 없이 나누었습니다. 제가 특별히 기억하는 것은 그의 자세였습니다. 매우 커다란 세계적 기업의 CEO로서 성공한 사람이었지만, 그는 최대한 배우고자 했습니다. 처칠의 "좋은 위기를 낭비하지 말라"는 말을 현장에서 발견하는 순간이기도 했습니다. 또한 자신이 리더로서 어떤 부분을 개선해나갈 수 있을지를 묻고 들었습니다. 그날 그의 자세는 조직문화의 아버지라고 불리는 MIT 경영대학원의 에드거 샤인(Edgar Schein) 교수의 책 제목을 떠올리게 만들었습니다.《겸손한 질문(Humble Inquiry)》. 그는 대화 내내 겸손한 자세로 질문을 통해 조언을 구했고, 경청했기 때문입니다. 그날은 물론 그 이후로도 그

CEO와 저는 서로에게 자신의 약점이나 걱정거리 등 취약성을 드러내는 데 큰 부담이 없었고, 마음속의 진실을 상대방에게 전달하는 것이 매우 안전하게 느껴졌습니다.

에드거 샤인의 《겸손한 질문》을 접하면서 저는 이 세상에 멍청한 질문은 없다지만, 나쁜 질문도 분명히 있다는 생각을 하게 되었습니다. 상대방을 시험하여 창피를 주려는 의도로 하는 질문(예를 들어, "당신 그 통계가 어떻게 되는지 지금 답할 수 있어?"), 모욕감을 주는 질문("당신이 왜 만년 대리인 줄 알기나 해?"), 사람을 자극하는 질문("왜, 내가 한 말 때문에 기분이 나빠?") 등이 있지요. 이것들은 좀 더 정확히 말하면 나쁜 의도를 질문으로 포장한 경우라고 생각합니다.

'겸손한 질문'이란 말은 어쩌면 당연한 말일 수 있습니다. 질문이란 기본적으로 내가 모른다는 것을 전제로 하고, 그렇기 때문에 겸손한 태도로 상대방에게 묻는 것이지요. 모른다는 것 때문에 창피함을 느낄 필요는 없으며 겸손한 태도를 갖는 것은 당연한 것입니다. 에드거 샤인은 겸손한 질문이란 상대방에 대한 호기심과 관심을 극대화하고 상대방에 대한 편견이나 선입견을 최소화하는 것이라고 정의[9]합니다.

짐작하지 말자

심지어 익숙하게 보이는 상황에서도 내가 모르는 것이 있을 수 있다는 태도는 겸손한 질문을 가능하게 만듭니다. 다른 말로 하면, 내가 경험하고 내가 아는 것이 전부가 아닐 수 있다는 태도입니다. 다른 사람들은 저와 똑같은 단어를 쓰면서도 저와는 다른 그림을 머릿속에 그리게 됩니다. 예를 들어, 부모, 가정, 학교, 선생, 직장, 상사의 사전적 뜻을 모르는 사람은 없지만, 이 단어를 사용할 때, 지금 이 책을 읽고 있는 독자 분들과 저 모두 다른 그림을 떠올릴 것입니다. 그만큼 사람들은 같은 개념에 대해 다른 경험을 하면서 살아가기 때문입니다. 그럼에도 불구하고 우리는 자주 다른 사람도 나처럼 생각할 것이라고 짐작합니다. 서로 떠올리는 그림이 다른 상태에서 대화를 하다 보니 결국 이해도 다르게 하게 되고, 나중에 오해까지 발생합니다. 그런 경험 없으신가요? 내가 상대방에게 부탁한 것은 A였는데, 상대방은 나중에 B를 갖고 와서 실망할 때. 그렇기 때문에 우리는 짐작하지 말고 질문을 해야 합니다. "○○님은 이 상황을 어떻게 보고 계시나요?" "○○님은 어떻게 이해하셨나요?" "저는 이렇게 이해했는데 ○○님도 이렇

게 이해하셨는지요?" 앞서 우리가 적극적 경청(active listening)
에 대해 이야기할 때 적극적이란 말의 뜻은 판단을 중지하는
것이라고 말씀드렸는데요. 바로 이 점이 겸손한 질문의 태도,
즉 짐작하지 않는 태도와 맞물리는 것입니다.

취약성을 드러내며 어떻게 하면 좋을지 묻자

저는 종종 조직의 문화를 진단하는 과정에서 회의실 풍경을
관찰할 때가 있습니다. 그냥 관찰을 하는 것이 아니라 몇 가지
체크 리스트가 있는데요. 그 중 질문과 관련된 두 가지가 있습
니다.

- **직책이 제일 높은 사람의 질문이 단답형이거나 참여자들을 시험하
  는 목적에만 집중되어 있는가?**
  (예: 그 통계가 어떻게 되지요?)
  아니면 그들의 아이디어나 의견을 듣기 위한 질문도 던지는가?
  (예: 이번 이슈에 대해 우리가 어떤 입장을 취하면 좋을까요?)

- **회의 참여자들이 취약성(vulnerability)을 얼마나 드러내는가?**
  (예: 솔직히 이 사안을 어떻게 대응해야 할지 머릿속이 하얀데
  요… 아이디어나 조언을 해주실 수 있을까요?)

첫 번째 항목은 무엇인가 새로운 관점을 배우기 위해 듣는 가를 살펴보는 것이고요. 두 번째 항목은 사람들의 아이디어나 도움을 요청하면서 자신이 취약성을 드러내는가와 관련되어 있습니다. 겸손한 태도로 질문을 한다는 것은 자신의 취약성을 드러낸다는 뜻입니다.

취약성을 드러내는 것은 위기 상황에서 리더가 회의를 진행할 때도 중요합니다. 2014년 땅콩회항 사건을 비롯해서 이른바 오너들의 갑질 사건은 우리 사회에서 끊임없이 벌어져 왔습니다. 사실 이런 사건은 구조적으로 독특합니다. 위기를 만들어낸 장본인이 위기 대응 전략 회의에서 의사결정자의 자리에 앉아 있기 때문입니다. 이런 상황에서 조직의 실무진은 그 위기를 어떻게 극복해야 할지 잘 알고 있지만, 이를 상부에 보고하는 것을 두려워한 나머지 결국은 잘못된 전략이 실행되는 경우가 있습니다. 땅콩회항 사건에서도 첫 반응은 사과가 아니라 오히려 피해자인 승무원들을 비난하는 것이었고, 결국은 여론이 더 악화가 되었지요.

이런 경우 실무자들에게 "직언해야 한다"라고 말하는 경우가 있는데요. 이는 물론 '옳은 말'이지만, 현장에서 쉽게 '먹힐 수 있는' 말은 결코 아닙니다. 자신의 일자리를 걸고 상사에게 "먼저 나가서 사과하시는 것이 좋겠습니다"라고 말하기란 힘들다는 뜻이지요. 땅콩회항 사건만큼은 아니더라도 우리는 때로 일하다가 실수나 잘못을 할 때가 있고, 어떻게 대응해야 할지 머릿속이 백지가 되거나 뒤엉키는 경우가 있습니다. 이럴 때, 정말 여러분이 제대로 된 해결책에 대한 조언과 아이디어를 얻고 싶다면 상대방으로 하여금 직언을 해도 안전하다고 느낄 수 있는 환경을 만들어주어야 합니다. 예를 들어 이렇게 말할 수 있습니다. "제가 실수를 저질렀고, 지금 고객과 회사에 안 좋은 영향을 끼치고 있습니다. 제가 저지른 실수 때문에 지금 어떻게 대처해야 할지 솔직히 생각이 잘 떠오르지 않습니다. 여러분께서 제3자의 입장에서 지금 제가 어떻게 대응하고 행동하면 좋을지 조언을 주신다면 정말 제게 도움이 되겠습니다. 여러분의 의견을 잘 듣고 생각하여 대응하도록 하겠습니다."

한 회사를 컨설팅할 때였습니다. 하루는 CEO가 고민이 있다면서 회의를 요청했습니다. 이야기를 들어보니 부서 간의 소통이 잘못되어 고객 서비스에 문제가 발생했고, 그래서 큰 규모의 계약이 취소가 되었다는 것이었습니다. 당시 CEO는 고객을 잃은 것도 걱정이었지만, 이 사건으로 인해 부서 간에 비난과 책임 회피 문화가 퍼져나가는 것을 더 두려워하고 있었습니다. CEO와 만난 때는 가 부서 책임자들과 대책회의를 바로 앞두고 있던 때였습니다. 저는 CEO에게 "이번 사안에서 사장님도 총 책임자로서 책임이 없을 수는 없는데요. 사장님께서 보시기에 본인이 실수한 것이 있다면 무엇이라고 보십니까?" 사장은 잠시 생각을 하더니 최근 출장이 많아서 이 고객 서비스에 대해 제대로 들여다보지 못했고, 부서 책임자들에게 모두 맡겨놓고 있었으며, 그것이 자신의 실수라고 생각한다고 말했습니다. 이어서 저는 잠시 후, 부서책임자들과의 회의에서 "사장님이 가장 먼저 자신의 실수를 이야기해주실 수 있는지" 물었고, 그는 도움이 된다면 기꺼이 그렇게 하겠다고 했습니다.

잠시 후 부서 책임자와의 회의에 저는 진행자로 참여하게 되었습니다. 물론 분위기는 냉랭했습니다. 저는 이렇게 말했습니다. 이번 사안은 물론 안타깝지만, 오늘 이 자리에 있는 우리 모두가 책임을 공유할 수밖에 없는 사안이라고. 그리고 칠판에 "It was my mistake…"라는 문장을 쓴 뒤, 뒤를 채워달라고 했습니다. 물론 CEO에게 먼저 부탁을 했습니다. 그가 자신의 실수에 대해 인정을 하자, 팀장들도 자연스럽게 자신의 책임을 다하지 못한 부분을 이야기하기 시작했습니다. 물론 이런 사안에서 누구의 책임인지를 명확히 밝히는 것도 중요하지만 만약 그 회의의 포커스를 누구의 잘못인지를 밝히는 것에 맞췄다면 비난과 반대만이 가득했을 것이고, 회의는 결국 고객도 놓치고, 개선은 되지 않고, 팀워크를 해치는 방향으로 나아갔을 것입니다. 이런 자리에서 정말 실수를 한 사람은 자신의 책임이 가장 크다는 것을 밝히거나 스스로 알기 마련입니다.

제가 이 사례를 통해 말하고 싶은 것이 있습니다. 바로 취약성 인정은 그 자리에서 가장 힘이 있는 사람으로부터 시작해야 한다는 것입니다. 만약 제가 그날 회의에서 사장이 아닌 다른 팀장부터 발언해달라고 부탁했다면 그날의 논의는 잘 진행되지 않았을 것입니다. 하지만 사장부터 취약성을 인정하는 것은 그 방 안에 있는 팀장들에게 오늘 이 자리에서 실수를 인정하는 것은 괜찮다는 신호를 전달하게 됩니다.

살다 보면, 일하다 보면 무엇을 어떻게 해야 할지 몰라 다른 사람의 도움이 필요한 순간이 종종 찾아오게 됩니다. 그럴 때, 무작정 묻지 마시고 취약성을 인정하면서 묻고, 요청하시길 바랍니다.

어떻게 도와주면 좋을지 미리 묻자

얼마 전의 일입니다. 고객사의 CEO로부터 금요일에 급하게 연락이 왔습니다. 월요일에 중요한 회의를 하게 되었는데, 회의 전략에 대폭적인 수정이 필요하고, 이에 대한 도움을 주말 중에 받을 수 있는지를 문의하는 것이었습니다. 물론 저는 일과 삶의 균형을 중요하게 생각하지만, 일을 하다 보면 때론 이렇게 급한 도움을 요청받는 경우가 종종 있습니다. 물론 주말에 일하는 것에 대해서는 평일보다 더 많은 보상을 받게 됩니다. 그러나 그때 그 주말은 제가 이 책을 쓰려고 일정을 싹 비워둔 때였습니다. 고객은 걱정이 많은 상태였고, 발을 동동 구르는 것 같았습니다. 그때 제가 이렇게 고객에게 물었습니다. "너무 걱정하지 마세요. 제가 도움을 드리겠습니다. 원하신다면 주말 내내 도움을 드릴 수도 있습니다. 그런데 제가 어떻게 도움을 드리는 것이 사장님께 가장 도움이 될까요? 이메일이나 전화로 자문을 드리면 될까요? 사무실에서 직접 만나서 함께 논의를 하는 것이 좋을까요? 제가 어떻게 도와드리면 사장님 마음이 좀 편안해질 수 있을까요?"

이때, 저는 도움을 주겠다는 의사를 밝힌 후, 제가 생각하는 방식으로 도와주겠다고 성급하게 밝히지 않았습니다. 우선 도움을 요청한 사람의 입장에서 가장 선호하는 방식이 무엇인지를 묻고, 그에 따라 도움을 주려고 했습니다. 이러한 저의 질문 방식 역시 에드거 샤인으로부터 배운 것입니다. 그는 《겸손한 질문》라는 책을 쓰기 몇 년 전《헬핑(Helping)》이라는 책을 냈습니다. 남에게 도움을 주는 데에도 이론이 있으며 실천할 때 고려해야 할 것이 있다는 내용입니다. 이 책에 보면 지위 불균형(status imbalance)라는 말이 나옵니다. 도움을 요청하는 사람들은 보통 도움을 요청받는 사람에 비해 자신을 한 단계 낮추게 되는데요. 방금 제가 언급한 사례에서도 주말에 갑작스러운 도움을 요청하게 될 때 사장은 한 단계 낮추게 되고 그렇게 함으로써 그와 저 사이에 지위 불균형 상태가 발생하게 됩니다. 이때, 만약 우리의 의도가 도움을 제대로 주고 싶은 것이라면 지위 불균형 상태를 해소해야 하는데요. 그러기 위해서 겸손한 질문을 하면 좋습니다.

"어떻게 도움을 드리면 가장 좋을까요?"라는 질문은 겸손하면서도 파워가 있는 질문입니다. 상대방은 내게 훨씬 신뢰를 갖게 될 것입니다. 고객과의 회의를 시작할 때 "오늘 저희가 준비해 온 것들이 있기는 하지만, 오늘 주어진 시간을 어떻게 분배하거나 사용하면 고객님께 가장 도움이 될까요?"라고 묻는 것 역시 겸손하면서도 회의를 좀 더 효율적으로 진행할 수 있도록 도움을 줍니다. 도움을 주는 상황에서 도움을 받는 상대방이 정말 원하는 것을 내가 모를 수도 있다는 것을 전제로 하고 확인하는 과정은 두 사람 사이의 소통과 관계에 많은 변화를 가져오게 됩니다.

질문하는 것이
안전하다고 느끼게 하는 방법

앞서 회의를 관찰할 때 질문과 관련된 두 가지 지침을 알려드렸습니다. 다른 두 가지도 아래에서 알려드리지요.

- 회의 참여자들이 자신의 의견(예: 팀장님, 제 생각에는…), 상사와 다른 의견(예: 저는 팀장님과는 다른 각도에서 이 사안을 바라보고 있는데요…)을 제시하는 데 있어 안전하다고 느끼는가?
- 참석자들이 다른 의견과 아이디어를 제시하는 것이 안전하다고 느끼도록 직책이 높은 사람이 배려하는 것이 있는가?(예: 자신의 의견을 나중에 표출; 포스트잇을 활용, 동시에 의견을 개진하도록 배려)

즉, 사람들이 회의에서 머릿속에 있는 아이디어나 의견을 끄집어내고, 질문을 하는 것이 안전(safe)하다고 느끼는가가 핵심입니다. 겸손한 질문은 바로 인진성과 관련이 깊습니다. 나도 모를 수 있다는 자세로 짐작하지 않고, 취약성을 드러내며 조언을 구하고, 도와줄 때는 어떻게 도움 주는 것이 좋을지 겸손한 질문을 함으로써, 우리는 서로 이야기하기 안전한 환경을 만들어냅니다.

여러분은 회의에서 얼마나 안전하다고 느끼시나요? 혹시 조마조마해하지는 않나요? 여러분이 참석하는 회의에서 그 고압적인 상사가 바뀔 가능성은 낮겠지만, 여러분이 주재하는 미팅에서 여러분은 겸손한 질문을 던짐으로써 사람들이 좀 더 새롭고 다른 아이디어나 의견을 제시하기 안전한 환경을 만들 수 있고, 그러면 회의는 더 효과적인 방향으로 이어질 수 있습니다.

질문을 디자인하실 때 상황에 맞게 다음과 같은 문장을 함께 사용해보세요.

- "제가 놓친 부분이 있을 수 있어서 여쭤보는데요. …"
- "제가 이 분야에 대해서는 전문가가 아니라서 한번 여쭤 봅니다. …"
- "제가 지금 어떻게 대처해야 할지 생각이 떠오르지 않는 데요. …"
- "제가 이렇게 이해한 것이 ○○님의 생각과 맞을까요?"
- "제가 어떻게 도움 드리는 것이 ○○님에게 가장 좋을까 요?"

PART 3

나만의 질문 사전

지금까지 질문이 왜 중요한지, 그리고 질문을 디자인할 때 기억해야 할 네 가지 지침이 무엇인지 살펴보았습니다. 3부에서는 우리가 일을 하고 살아가면서 유용하게 쓸 수 있는 질문 사전을 제공합니다. 질문의 세계는 끝이 없지만, 우리가 반복해서 여러 상황에서 사용할 수 있는 질문들로 만들었습니다. 필수적인 단어와 좋은 예문을 많이 알아야 언어를 잘할 수 있지요. 2부가 질문 디자인의 문법이었다면 3부의 질문 사전에서는 여러분에게 좋은 질문의 예시를 체계적이고 구체적으로 보여드리고, 여러분이 직접 활용하실 수 있도록 도움 드리는 것이 목적입니다.

후속 질문을 통해
대화를 이끌어가는 방법

"이 책을 통해 저자는 독자들에게 어떤 도움을 주고 싶나요?"
라고 물어보신다면 저는 한 가지를 특별히 강조하고 싶습니
다. 바로 후속 질문을 통해 대화를 이끌어가는 힘을 갖도록 도
움을 드리고 싶습니다. 이 책의 1부에서 우리는 하버드 대학
교의 연구 결과로부터 질문 중 가장 효과가 좋았던 질문은 바
로 후속 질문이라는 것을 알게 되었습니다. 아무리 좋은 질문
을 많이 알고 있다 하더라도 상대방의 이야기에 집중하면서

후속 질문을 던질 수 없다면, 제대로 질문의 힘을 발휘할 수 없습니다. 하나의 질문으로 대화를 시작은 했는데, 그 이후에는 막상 후속 질문으로 대화를 이끌어나가지 못한다면 진정한 대화에 이를 수 없습니다.

물론 상대적으로 회의에서는 시간의 제한도 있고 다른 사람에게도 질문의 기회를 주어야 한다는 점에서 후속 질문의 숫자는 한두 개로 축소될 수도 있습니다. 반면 1:1 대화에서는 여러 가지의 후속 질문을 던지기에 상대적으로 자유로운 경우가 많습니다. 여러분의 목적이 고객, 상사, 부하는 물론 가족과 친구들로부터 호감을 얻어내는 것이든, 아니면 상대방과 터놓고 진정한 대화를 하는 것이든 후속 질문을 하는 능력은 매우 중요합니다.

협상 전문가이자 펜실베이니아 대학교의 경영대학원인 와튼 스쿨의 교수로서 《어떻게 원하는 것을 얻는가》라는 베스트셀러를 쓴 스튜어트 다이아몬드는 이렇게 이야기했습니다. "사람이란 본래 자기 말에 귀 기울여주고, 가치를 인정해주고, 의견을 물어주는 사람에게 보답하기 마련입니다. 그게 변하지 않는 사람의 본성이에요." 상대방이 내가 그에게 귀를 기울이고 있으며, 그 사람이 이야기하는 것의 가치를 인정하고 있다는 것을 어떻게 알 수 있을까요?

물론 눈을 맞추고 스마트폰이 아닌 상대방에게 집중하는 것은 기본입니다. 더 확실한 방법은 후속 질문을 하는지의 여부입니다. 상대방에게 귀를 기울이고 관심을 갖고 있다면 더 궁금한 점이 생기기 마련입니다. 오해는 마십시오. 상대방이 허튼소리를 하는데, 관심 있는 척하기 위해 후속 질문을 사용하라는 말이 아닙니다. 대화에서 듣기를 좀 더 잘하고 싶다면 질문, 그중에서도 후속 질문을 하는 능력이 중요하다는 뜻입니다.

또한 듣기를 잘하고 싶다는 말은 과거에는 대화에서 상대방의 이야기에 크게 주목하지 않았다면, 이제는 상대방에게 좀 더 관심을 갖고 후속 질문을 통해 한 걸음 더 들어가보라는 뜻입니다. 그럼 후속 질문은 어떻게 만들고 던져야 하는 것일까요?

이에 대해 저는 미국의 심리학자이며 상담가인 퍼트리샤 지아노티(Patricia Gianotti) 박사와 깊이 있는 대화를 한 적이 있습니다. 지아노티 박사는 《Listening with Purpose》와 《Uncovering the Resilient Core》라는 책을 저술한 전문가로 제게는 오랜 기간 동안 조언자 역할을 해주고 있기도 합니다. 지아노티 박사가 제안한 후속 질문 프레임을 활용하여 워크숍에서 사용한 적이 있었습니다.

한 글로벌 기업의 아시아 지역에서 일하는 매니저 20여 명을 모아 태국에서 진행한 워크숍이었는데요. 한국을 비롯하여 대만, 싱가포르, 일본, 중국, 태국 등에서 매니저들이 모인 이유는 유럽인이나 북미인들과 비즈니스를 하는 데 있어 좀 더 적극적으로 커뮤니케이션할 수 있도록 도움을 주기 위함이었습니다. 회의에서 보통 아시아인들은 유럽인이나 북미인들에 비해 조용하기 때문이죠. 영어라는 언어적 장벽도 있겠지만, 아시아인들은 훌륭한 자질을 갖고 있음에도 불구하고 회의에서 자신의 의견을 제대로 밝히지 못해 괜한 오해를 살 때가 있습니다. 생각이 없거나 관심이 없는 것처럼 보일 수 있다는 것이지요.

이때 자신의 의견을 제대로 이야기하는 법도 중요하지만, 상대적으로 소극적으로 보이는 아시아인들이 서양인들을 상대할 때 잘 활용할 수 있는 것이 바로 질문, 그중에서도 후속 질문으로 대화를 이어가는 것입니다. 외국인과의 대화 때만 그럴까요? 여러분이 자신의 의견을 이야기하기 불편해하는 상사나 고객을 대할 때도 이러한 후속 질문을 활용해보세요. 대화의 분위기가 달라지는 것을 경험할 수 있을 것입니다. 여러분이 과거보다 더 주도권을 가질 수 있다는 말이지요. 자, 그럼 지아 노티 박사가 제시한 후속 질문 모델을 하나씩 살펴볼까요?

오프너(Opener)

막상 누군가를 만났는데, 무엇을 물어야 할지 잘 떠오르지 않는다는 것은 상대방에 대해 별로 알고 싶거나 궁금한 것이 떠오르지 않는다는 뜻입니다. 별로 관심이 생기지 않는 것이지요. 당연한 말이지만, 이 말은 질문하는 힘을 기르고 싶다면 무엇을 해야 하는지 정확하게 알려주고 있습니다. 이런저런 이유로 날마다 사람들과 주변에서 벌어지는 상황에 대해 좀 더 호기심을 가질 때, 우리는 자연스럽게 질문하는 힘을 키울 수 있습니다. 남들의 사생활에 대해 지나친 관심을 가지라는 말이 아닙니다. 누군가가 직업으로 갖고 있는 일이나 관심을 갖고 있는 사항에 대해서도 우리는 여러 가지 질문을 던질 수 있습니다.

이 책에서 저는 여러분에게 좋은 질문들을 많이 알려드릴 것입니다. 하지만 여러분이 이 질문들을 제대로 활용하기 위해서는 한 가지 중요한 조건이 있습니다. 바로 궁금한 주제가 있어야 한다는 것이며, 이는 여러분이 정한다는 점입니다. 여러분은 사람들을 만날 때 주로 무엇이 궁금하신가요? 저는 보통 그 사람의 전문적인 경험과 지식에 대해 관심이 있습니다. 얼마 전 스타트업 회사에서 근무하고 있는 분과 산업용 공구 분야에서 일하는 분을 만난 적이 있습니다. 두 분야 모두 제가 익숙지 않은 영역입니다. 이분들과의 대화를 통해, 그리고 많은 질문을 던지면서 저는 새로운 정보를 많이 얻었습니다.

인간은 호기심을 갖고 있다는 점에서 기계나 동물과 구분됩니다. 누구에게나 궁금한 점이 있습니다. 저는 독자 여러분께서 이 책을 읽으며 자신의 호기심과 관심 분야에 대해 다시 생각해보는 기회를 갖길 바랍니다. 즉, 누군가와 만나서 인사를 하고 명함을 주고받으면서 '나는 이 사람에게 무엇이 궁금하지?'라는 질문을 스스로에게 던져봅니다. 물론 아무리 생각해도 궁금하지 않은 사람이라면 억지로 질문을 할 필요도, 굳이 다시 볼 필요도 없겠지요. 억지로 관심을 가지라는 말은 아닙니다. 제가 말하고 싶은 것은 호기심을 갖고 질문을 하다 보면 과거에 얻지 못하던 혹은 생각지도 않던 정보나 통찰, 기회를 얻을 수 있다는 것입니다.

상대방이 현재 직장에서 하고 있는 일을 듣다 보면 문득 그 전에는 어떤 곳에서 어떤 일을 했는지 궁금할 수 있습니다. 그럴 때 우리는 이렇게 질문할 수도 있겠죠.

"이전에는 어떤 일을 하셨는지 궁금한데요. 여쭤봐도 될까요?"

이전에도 비슷한 분야에서 일했을 것 같은데 완전히 다른 곳에서 일한 사람들을 만나게 되는 경우가 있습니다. 예를 들어 화장품회사에서 일하다가 지금은 제약회사나 심지어 철강회사에서 일하는 사람을 만날 수도 있지요. 이쯤 되면 어떤 이유로 일하는 분야를 바꾸게 되었는지, 지금 직장은 어떻게 알게 되었는지가 궁금해질 수 있습니다. 물론 상대방이 답변을 불편해하는 것 같을 때, 혹은 바쁠 때는 이런 후속 질문을 하는 것이 실례가 될 수도 있겠지요. 그런 경우, "제가 궁금해서 그러는데 몇 가지 더 질문을 드려도 될까요?"라고 물을 수 있습니다.

앞서 말씀드렸던 것처럼 사람들은 자신에게 관심을 보이지 않는 사람의 이야기에 귀 기울이지 않습니다. 여러분이 상대방에게 무언가를 말하고 싶다면 먼저 그의 이야기를 잘 들어야 하고, 그러기 위해서는 질문을 던져야 하며, 질문은 호기심과 관심을 가질 때 나올 수 있는 것입니다. 지금보다 질문을 더 잘하는 사람이 되고 싶다면 상대방에게 좀 더 호기심을 가져야 합니다.

처음에 질문은 했는데, 그다음에 어떤 질문을 해야 할지 모르시겠다면 6하 원칙을 사용해보세요. 왜 직장이나 직업을 바꾸게 되었는지, 어떻게 지금의 직장에 오게 되었는지, 지금 하는 일에서 무엇이 가장 재미있고 마음에 드는지 혹은 그렇지 않은지, 다음에는 어디로 가고 싶은지, 지금까지 커리어에서 언제가 가장 마음에 드는지, 커리어에서 가장 도움을 준 사람은 누구인지···. 6하 원칙만으로도 질문 6개는 쉽게 만들 수 있답니다. 물론 10개를 만드는 것도 그렇게 어렵지 않습니다. 6하 원칙에 대해서는 뒷부분에서 또 말씀드릴게요.

한 걸음 더 들어가보기 (Going deeper)

질문으로 대화를 이어나가기 위해서는 다음 질문만 생각해서는 안 됩니다. 내 질문에 대해 상대방이 이야기할 때 귀를 기울여 듣는 것이 중요합니다. 잘 이해가 되지 않는 경우에는 걱정 말고 질문하세요. "좀 전에 말씀하신 것이 잘 이해되지 않는데, 다시 한번 설명해주실 수 있나요?"라고. 상대방이 말하는 것 중 내게 새롭게 느껴지거나 관심이 있는 것이 생기면 이제 한 걸음 더 들어갈 수 있습니다. 오프너에서 6하 원칙을 통해 이런 것, 저런 것에 대해 물어보며 '넓게 땅을 팠다면', 이 단계에서는 한두 군데를 정해서 '깊이 파 들어가는' 것입니다. 앞서 질문을 디자인할 때 구체화시키는 질문을 하라고 했는데요. 이 부분이 바로 구체화시키는 단계입니다. 한 걸음 더 들어가는 질문을 몇 가지 살펴보지요.

"구체적 예를 들어주실 수 있나요?"

현재 직장에서 가장 흥미로운 부분이 무엇인지를 물었을 때 상대방이 다양한 부서의 사람들과 일하는 것이 제일 좋다고 답했다면, "구체적인 예를 들어주실 수 있나요?"라고 물어볼 수 있습니다. 예시를 물어보는 것은 대화가 개념적인 것에서 구체적 그림이 그려지는 것으로 옮겨 가는 데 중요한 질문입니다. 다양한 사람들과 일한다는 것은 수많은 것을 의미힐 수 있습니다. 하지만 구체적 예를 들어달라고 하게 되면, 상대방이 어떤 성격의 일을 어떤 다양한 분야의 사람들과 함께 하는지 좀 더 자세히 알 수 있게 됩니다.

"그 사건으로 인해 어떤 영향이 있었나요?"
사람은 누구나 자신의 삶에서 기억에 남는 사건들이 있습니다. 승진처럼 기뻤던 순간이든 퇴사 경험처럼 힘들었던 때이든 간에 말이지요. 이러한 사건의 영향에 대해서 묻게 되면 전혀 예상치 못한 답변을 들을 때가 있습니다. 임원으로 승진해서 좋아했는데, 막상 되고 보니 생각지 못한 도전이 기다리고 있었다든지, 전임자의 잘못으로 엄청난 고생을 했다든지, 사내 정치에 휘말려 또 다른 사건이 생겼다든지… 말이지요. 반면 어쩔 수 없는 퇴사처럼 개운치 않거나 힘들었던 경험이 오히려 삶에서 새로운 기회를 열어주는 때도 있습니다. 이 질문에 대해 사람들은 즉각적인 영향을 이야기하기도 하지만 동시에 길게 놓고 보았을 때 당시의 사건이 자신에게 어떤 깊은 의미가 있었는지 이야기하는 경우도 많습니다.

"그래서 어떻게 하셨나요?"

뜻밖에 벌어진 어떤 사건에 대해 이야기를 듣게 되는 경우가
있습니다. 직장에서 동료나 상사, 고객의 어이없는 행동으로
인해 황당한 일을 겪었다든지, 상사나 고객이 생각지도 않은
좋은 기회를 제안하여 행운이 생겼다든지 말이지요. 이때 그
상황에서 상대방이 어떻게 반응했는지가 궁금할 수 있죠. 황
당한 상황에서 그는 어떻게 따졌는지, 아니면 어이없어서 그
냥 있었는지, 좋은 기회를 제안받았을 때 뭐라고 말했는지, 어
떻게 행동했는지 등등. 이 질문은 상대방뿐 아니라 상대방의
이야기에 등장하는 인물들은 어떻게 반응했는지에 대해서 물
을 때 사용할 수도 있습니다. 그 상사나 고객은 어떻게 반응했
는지 말이지요.

"무슨 생각을 하셨나요?"

상대방의 이야기를 들으며 그가 당시에 어떤 말이나 행동으
로 반응을 했는지 묻는 것과 마찬가지로 그의 생각과 느낌에
대해 물어볼 수 있습니다. "그때 무슨 생각이 들었나요?" "그

때 느낌이 어땠나요?"와 같이 말이지요. 이런 질문은 말하는 사람으로 하여금 당시의 상황에 좀 더 구체적으로 다가서도록 도와줄 뿐 아니라, 듣는 사람의 입장에서도 좀 더 입체적인 이야기를 들을 수 있도록 해줍니다. 상대방이 특정한 말이나 행동을 한 배경이나 이유를 좀 더 잘 이해할 수 있게 해주기 때문입니다.

"왜 그랬다고 보시나요?"

좋은 일이든 안 좋은 일이든 애초에 그런 일이 발생한 이유가 무엇인지 궁금할 때가 있습니다. 혹은 상대방의 이야기에 등장하는 특정 인물이 왜 그런 결정이나 행동을 했는지 궁금할 수도 있습니다. 이럴 때 우리는 한 걸음 더 들어가서 질문을 할 수 있습니다. "왜 그런 좋은 기회가 생겼다고 보십니까?" "그때 그 동료는 왜 그렇게 황당한 말을 했을까요?" "그는 왜 그런 제안을 했을까요?"와 같이 말이지요.

"그런 경험이 주는 의미는 무엇이었습니까?"

사람들은 경험으로부터 많은 것을 느끼고 배웁니다. 책에서는 배우지 못하는 것이지요. 대화가 주는 중요한 가치 중 하나는 내가 해보지 못한 경험으로부터 상대방은 어떤 의미나 나름의 교훈을 얻었는지에 대해 배울 수 있다는 것입니다. 상대방과의 이야기가 한 걸음 더 들어가 어느 정도 진전이 되면, "매우 흥미로운 경험인데요. 그런 경험이 ○○님께 주는 의미나 교훈 같은 것이 있었다면 무엇입니까?"와 같은 질문을 할 수 있습니다. 저는 개인적으로 이 질문을 좋아하는 편입니다. 왜냐하면 많은 삶의 지혜를 이 질문을 통해서 얻을 수 있기 때문이지요.

언젠가 헤드헌터와 만나 이야기를 나눈 적이 있습니다. 그분은 당시 제가 일하는 분야에 대해 정보가 필요했지요. 그 만남의 목적만을 생각한다면 그분의 질문에 대해 제가 답변한 뒤 미팅을 마쳤어도 될 것입니다. 저는 수많은 취업자들을 만나는 그분에게 분명 배울 만한 인사이트가 있을 것이라 생각했습니다. 그래서 그분이 묻고 싶은 것을 다 물은 뒤에 "저도 궁금한 것이 몇 가지 있는데 여쭤봐도 괜찮을까요?"라고 질문한 뒤, 평소 커리어 개발이나 전직 등에 대해 궁금해하던 것들을 질문했습니다. 아니나 다를까, 그분으로부터 저는 좋은 인사이트를 얻을 수 있었습니다. 그중 하나는 직장에서 '로'(low, 자신이 처한 상황이 안 좋거나 가치가 떨어졌을 때)가 아닌

'하이'(high, 직장 내에서 자신의 가치가 높고 상황이 좋을 때)의 시점에 옮겨야 커리어를 제대로 관리할 수 있다는 유용한 팁이었습니다!

미러링(Mirroring)

대화를 하면서 중간에 상대방이 이야기한 것을 내가 제대로 이해하고 있는지 확인할 필요가 있을 때가 있습니다. 사적인 대화를 나눌 때도 그렇지만, 특히 직장 내에서 부탁이나 요청을 받을 때도 그렇습니다. 이러한 것을 거울로 비추는 행동을 뜻하는 미러링이라는 용어로 부르는 것은 상대방이 한 이야기를 내가 거울이 되어 다시 비춰주는 것이기 때문입니다. 구체적으로 말하면 내가 이해한 바를 요약하면서 상대방에게 내가 제대로 이해하고 있는지를 확인하는 과정입니다. 이럴 때 쓸 수 있는 표현은 다양합니다.

- "방금 하신 말씀을 제가 제대로 이해했는지 확인하고 싶은데요. 그러니까 그 상황에서 이렇게 했다는 말씀이시

지요?"

- "그러니까, 그 말은 … 이렇다는 뜻이군요?"
- "당시에 부장님께 가장 중요했던 것은 …이 맞나요?"
- "그때 그렇게 말씀하신 것은 이런 의미가 맞나요?"
- "그 상황을 저는 …과 비슷한 것으로 이해했는데, 맞나
  요?"

다른 관점의 의견과 이야기를 제시하기

계속 한 사람만 질문을 하고 다른 사람은 대답만 한다면 그것
은 언론과의 인터뷰이거나 검찰 혹은 경찰의 신문일 수 있겠
습니다. 질문으로 대화를 이어가라는 것이 내 의견을 숨기라
는 뜻은 아닙니다. 여러분이 대화를 하는 과정에서 질문을 했
더니 상대방이 자신의 의견을 이야기한 뒤, 나에게 똑같은 질
문을 한다면 나 역시 솔직하게 의견을 이야기해야 하지요. 스
티븐 코비는 이런 말을 한 적이 있습니다. "만약 두 사람이 똑
같은 의견을 갖고 있다면 한 사람은 필요가 없다… 나는 나와
동의하는 사람과 말하거나 소통하고 싶지 않다. 내가 누군가

와 소통을 하고 싶은 것은 상대방이 다르게 보기 때문이다. 나는 그런 차이를 소중하게 생각한다"[10]라고. 두 사람이 어떤 사안에 대해 의견이 같다면 한 사람은 생각을 하지 않고 있는 것이라는 말도 있습니다. 대화의 가치는 서로 다른 생각과 의견을 나누는 것에 있습니다.

질문으로 대화를 이어나가더라도 마지막에는 상대방의 이야기로부터 느낀 점이나 중간에 떠오른 여러분의 관련 경험, 아이디어 등을 제시하는 것이 바람직합니다. 몇 년 전의 일입니다. 미국의 한 대학에서 열린 교육 프로그램에 참여한 적이 있습니다. 정말 다양한 사람들이 모였는데요. 우연히 점심시간에 옆에 앉은 마이클이라는 사람과 이야기를 하게 되었습니다. 그는 뉴욕에서 재즈 뮤지션으로 일하면서 리더십에 대해서도 관심이 많은 사람이었습니다. 그와의 대화는 악수에 이어 어디에서 무슨 일을 하는지라는, 앞서 '오프너'에서 말한 질문으로 시작했습니다. 이런저런 질문을 하다가 저는 그의 경력 중 재즈와 리더십이라는 두 분야에 관심이 꽂혔습니다. 평소 자유로우면서도 나름의 틀을 갖고 있는 재즈의 즉흥 연주가 창의성이 중요한 이 시대의 새로운 조직문화나 리더십에 시사하는 바가 있다고 생각했기 때문입니다.

그래서 저는 그에게 엄청나게 많은 질문을 했습니다. 디저트를 먹을 때쯤 우리는 식당에서 아예 자리를 따로 잡아 이야기를 했습니다. 당연히 한 걸음 더 들어가서 재즈와 리더십이 만나는 지점에 대해 그가 어떻게 생각하는지, 미러링을 이용하여 그의 생각을 내가 제대로 이해하는 것이 맞는지 질문을 했습니다. 그와의 대화는 저녁 자리로 이어졌고, 그다음 날로도 이어졌습니다. 저는 질문도 많이 했지만, 후반부에 가서 제가 보는 관점과 새로운 가능성에 대한 이야기를 했습니다. 뮤지션인 그로서는 상대적으로 경험이 적은 기업의 관점에서 제가 보는 시각은 다른 점도 있었기 때문이지요.

그와 이렇게 여러 질문과 서로 다른 관점을 주고받은 대화의 결실은 뜻밖에도 새로운 기회로 연결이 되었습니다. 한국에서 조직문화와 관련된 컨퍼런스에서 초대를 받고는 제가 미국에 있는 그와의 공동 세션을 주최 측에 제안했는데 받아들여진 것입니다. 그와 저는 한국에서 몇 차례 세션을 진행했고, 몇 개월 뒤에는 미국에서도 함께 워크숍을 진행할 수 있는 기회가 있었습니다. 재즈 뮤지션들이 함께 참여하는 리더십 세션으로, 아마도 제가 그가 하는 일에 관심을 갖고 질문을 하지 않았더라면 그런 기회는 오지 않았을 것입니다.

여러분께서도 질문으로 대화를 해나가면서 때로는 다음과 같은 표현을 사용해 여러분만의 이야기도 하시길 바랍니다.

"그 이야기를 듣다 보니 한 가지 경험이 떠올랐습니다."
"그 이슈에 대해서 저는 지금까지 이렇게 생각해왔습니다."
"그 부분에서 한 가지 생각(혹은 아이디어)이 떠올랐는데요."

다만, 너무 길게 말씀하시지는 않는 것이 좋습니다. 전체 대화에서 70%는 오프너, 한 걸음 더 들어가기, 미러링 등을 사용해 질문으로 대화를 이끌어가시고, 30% 정도 내에서 여러분이 떠올린 경험이나 아이디어, 다른 시각을 상대방에게 전달하시는 것이 좋습니다.

무엇에 좋으냐고요? 훌륭한 리스너로서 커뮤니케이션을 좀 더 효율적으로 하는 것에 좋고요. 모든 것에 조언만 하는 꼰대가 아닌 직원들의 이야기를 잘 경청하는 리더가 되는 데에도 좋습니다. 그뿐만이 아닙니다. 늘 수동적으로 수첩에 의미 없이 필기만 하면서 상사의 말을 듣는 부하가 아니라 적극적으로 질문을 던지며 상사에게 다른 시각을 제시할 수 있는 능력 있는 직원이 되는 데에도 좋습니다. 더 나아가 만약 상대방과 협상을 하시는 상황이라면 30%가 아니라 20% 정도로 더 줄이는 것이 나을 것입니다. 말을 많이 하는 사람은 자신의 패를 더 드러내게 되어 있거든요. 후속 질문으로 대화를 이끌어가는 능력은 상대방과의 관계를 좀 더 좋게 만들기 위해서도, 협상을 위해서도 꼭 필요한 것이라는 점 잊지 마시길!

내가 독서 모임 진행자라면

요즘 독서 모임이 많다고 하지요. 같은 책을 읽고 그에 대한 토론을 하는 모임에서 여러분이 진행자를 맡게 되었다면, 참석자들에게 질문을 던져야 할 텐데요. 앞서 배운 것을 토대로 질문을 만든다면 어떻게 만들 수 있을까요?

오프너

먼저 '오프너'에서는 상황에 따라 다양한 질문으로 시작할 수 있습니다. 만약 처음 보는 분들과 독서 모임을 하시게 된다면 환영인사를 한 후 "이번 독서 모임에 나오시게 된 이유는 무엇입니까?"와 같은 질문을 할 수 있겠지요. 혹은 읽은 책에서 가장 마음에 들었던 부분이나, 마음에 든 인물에 대한 질문을 할 수도 있겠습니다. 물론 전반적인 느낌이 어땠는지를 물을 수도 있지요.

한 걸음 더 들어가보기

왜 특정 부분이 좋게 다가왔는지, 본인의 어떤 경험과 맞닿는 부분이 있다고 보는지, 어떤 느낌이나 생각이 들었는지, 주인공이 왜 그렇게 행동했다고 보는지, 저자는 왜 그렇게 썼다고 보는지 등에 대해 물을 수 있습니다.

미러링

참여자들이 이야기하는 중간 중간 혹은 한 사람의 발표가 끝난 후에 진행자로서 여러분이 이해한 바를 요약하면서 상대방에게 동의를 구할 수 있습니다. "제가 ○○님의 의견을 이렇게 이해했는데 맞습니까?"와 같이 할 수 있겠지요.

다른 관점의 의견과 이야기를 제시하기

여러분이 상대방의 말을 들으며 생각난 여러분만의 경험, 문구,

141

느낌, 아이디어 등을 제시할 수 있겠지요. "아까 ○○님께서 말씀하신 부분을 들으면서 생각난 것이 한 가지 있는데요. …"

친구나 동료와 책을 읽고 차 한잔을 마시며 이런 대화를 해보시면 어떨까요? 여러분의 후속 질문 능력이 좀 더 강해지는 것을 느낄 수 있을 것입니다. 꼭 직접 해보셔야 해요!

'진짜' 대화를 위해
꼭 물어야 할 것들

하루에도 우리는 많은 사람들과 대화를 합니다. 그중 '진짜' 대화는 얼마나 될까요? 진짜 대화란 무엇인지 궁금하신가요? 미국과 호주에 본사를 두고 있는 글로벌 컨설팅사인 컨버선트(Conversant)는 '대화 계량기(conversation meter)'라는 흥미로운 모델을 제시한 바 있습니다.[11] 저 역시 2017년부터 이 회사와 파트너십을 맺고 일해오면서 이 계량기를 이용하여 많은 워크숍을 진행해왔는데요. 그 개념이 독자 여러분에게도 도움이 될 것 같아서 소개를 해봅니다.

'가짜 대화'의 두 가지 모드

이 계량기에는 네 가지 대화 방식이 있습니다. 계량기에서 가장 낮은 단계인 0~25는 프리텐스(pretense) 방식인데요. 이는 가식, 위장, 허위라는 뜻입니다. 저는 이를 '척'하는 대화라고 부릅니다. 이런 대화는 동일한 사안에 대해서 회의에서 한 말과 나중에 친한 동료와 차를 마시며 나눈 이야기가 전혀 다를 때 발생합니다. 예를 들어, 회의에서 마음에 들지 않는 의견이 있었는데 이에 대해 "좋습니다"라고 이야기한 뒤 밖에 나와서는 "말도 안 되는 의견이야!"라고 전혀 반대의 말을 할 때가 있지요. 마음속 생각은 다르지만 회의에서는 적당히 맞춰주거나 침묵으로 일관하는 경우도 그렇습니다. 그 사정은 다양할 수 있습니다. 상사의 의견과 다른 생각을 회의에서 말하는 것이 두려울 수도 있겠지요. 이 대화 방식은 어려움을 피하기 위해 듣는 척을 하게 됩니다.

두 번째 단계(26-50)는 신시어리티(sincerity)입니다. 독자분

들 중에는 "아, 이제 긍정적 대화가 나오는구나!"라고 생각
하시는 분이 많을 것입니다. 저도 처음에 그렇게 생각했습니
다. 신시어리티는 성실이라는 뜻을 갖고 있습니다. 영어로 쓰
는 편지 마지막에 '진심으로'라는 뜻에서 'sincerely'라는 표
현을 사용하기도 하지요. 그런데 이 대화 계량기 모델에서 신
시어리티는 부정적 뜻으로 사용합니다. 여기에서는 '자기 의
견에만 충실한 대화'라는 뜻을 갖고 있습니다. 즉 이런 방식의
대화에서는 자신의 의견을 뚜렷하게 이야기하지만 종종 매우
공격적으로 이야기합니다. 자신의 의견만 제대로 이야기할
뿐 다른 사람의 의견에는 관심도 없고 심지어 속으로는 이렇
게 생각합니다. '난 당신의 말이 틀렸다는 것을 이미 알아. 하
지만 뭐 듣는 척은 해주지!' 우리가 흔히 이야기하는 '답정너
(답은 정해져 있고 너는 대답만 해)'도 이런 대화 방식에 속한다고
볼 수 있습니다. 저는 신시어리티 방식을 우리말로 '나만 옳
아' 방식이라고 번역합니다. 자신이 옳다는 것을 입증하기 위
해 듣는 척을 할 뿐이기 때문입니다.

여기까지 두 가지 대화 방식은 진정한 대화라고 볼 수 없습
니다. 이 두 가지 모두 방어적 심리가 강하게 작용하기 때문입

니다. '척'하는 대화 방식은 수동적-방어적(passive-defensive) 심리가 작동할 때가 많습니다. 정작 상사나 선배, 부모 앞에 서는 마음속의 이야기를 하지 못하고 돌아서서 속상해하거나 불평하는 경우입니다. 반면 '나만 옳아' 방식은 공격적-방어 적(aggressive-defensive) 심리가 작용하는 경우가 많습니다. 자기주장만 공격적으로 할 뿐 타인의 이야기에는 마음을 좀처럼 열지 않는 경우이지요. 1부에서 살펴본 어서티브니스 그래프에서 남의 말과 자신의 말에 귀를 기울이는 정도에 따라 네 가지로 나누어본 것을 떠올리시면 됩니다.

여기에서 '공격적-방어적'이라는 말이 어떻게 함께 있는지 궁금한 분도 있을 것 같습니다. 자기 말만 공격적으로 해대는 사람이 공격적이라는 것은 이해가 가는데, 어떻게 그런 심리가 방어적인가? 하고 의아하실 수 있습니다. 이럴 때 제가 주로 드리는 예시는 강아지가 으르렁거리며 짖는 모습입니다. 분명 이렇게 짖어대는 강아지의 행동은 공격적으로 보이지만, 그 안의 심리는 두려움, 즉 방어적인 것입니다. 별로 두려울 것이 없는 사자나 호랑이는 그렇게 짖어대지 않지요. 회의 자리에서 걸핏하면 목소리를 높이며 화를 내고, 심지어 서류를 집어 던지는 상사나 직원을 본 적이 있나요? 너무 겁먹을 필요 없습니다. 그는 사실 지금 무엇인가가 두려워서 방어적 심리에서 그렇게 행동한 것이기 때문입니다. 이런 두 가지 대화 방식은 진정한 대화 방식이 아니며, 회의나 면담 혹은 사석에서 누군가의 이야기를 듣는 척은 하지만 실은 자기 보호 심리가 강한 경우입니다.

'진짜 대화'의 두 가지 모드

이제 세 번째(51-75) 방식으로 넘어가보죠. 애큐러시(accuracy) 방식은 우리말로 하면 정확성입니다. 저는 '똑똑한 대화'라고 번역을 하고 싶네요. 왜냐하면 이런 대화에서는 자기주장을 하기 전에 먼저 서로 객관적 사실을 확인합니다. 즉 "여기에서 우선 우리가 알고 있는 사실이 무엇인지 이야기해보면 어떨까요?"라는 질문을 던져서 '팩트 체크'를 먼저 하는 것이지요. 그런 다음 서로가 동일하게 이해한 객관적 사실에 대한 서로 다른 해석, 즉 "나는 이 사실에 대해 이렇게 본다"라는 것을 공유합니다. "지금 우리가 알고 있는 사실에 대해 어떻게 생각하십니까?"라는 질문을 서로 던지는 것이지요. 이렇게 서로 다른 해석이나 설명을 나눈 뒤, 가장 좋은 해석에 대해 합의하게 됩니다. 이 방식에서는 대화 참여자들이 사실을 먼저 경청한 뒤 더 나은 설명을 찾기 위해 대화를 합니다. "무엇이 우리에게 가장 도움이 되는 방향일까요?"와 같은 질문을 던지며 논의하지요. 그 해석은 누군가의 것이 될 수도 있지만, 서로 다른 해석이 만나 새로운 해석이 탄생할 수도 있습니다. 회의에서 나누는 대화를 보면 종종 서로 다른 사실을 머릿속으로 생각하며 주장만 나누다 서로의 의견에 공감이나 동의를 하기 어려운 경우가 있습니다. 이렇게 회의에서 서로 주장만이 오가거나 그럴 것이 우려될 경우에는 회의 초반에 먼저 사실에 대한 정리를 하는 것이 중요합니다.

마지막 단계(76-100)는 가장 바람직한 대화 방식으로 진정성(authenticity) 대화입니다. 이 방식에서 사용하는 질문들을 여러분에게 소개하고 싶어서 지금까지 서론이 길어졌는데요. 왜냐하면 바람직하지 않은 방식을 포함하여 대화의 종류를 아시는 것이 중요하기 때문입니다. 진정성 대화에서는 자신의 의견도 명확하게, 하지만 공격적이 아닌 성숙한 방식으로 전달하지만, 상대방의 의견에도 관심을 갖고 진정성 있게 들

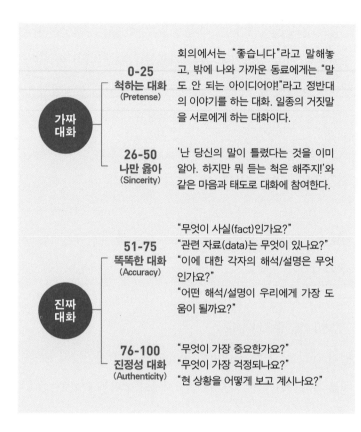

가짜 대화	**0-25** 척하는 대화 (Pretense)	회의에서는 "좋습니다"라고 말해놓고, 밖에 나와 가까운 동료에게는 "말도 안 되는 아이디어야!"라고 정반대의 이야기를 하는 대화. 일종의 거짓말을 서로에게 하는 대화이다.
	26-50 나만 옳아 (Sincerity)	'난 당신의 말이 틀렸다는 것을 이미 알아. 하지만 뭐 듣는 척은 해주지!'와 같은 마음과 태도로 대화에 참여한다.
진짜 대화	**51-75** 똑똑한 대화 (Accuracy)	"무엇이 사실(fact)인가요?" "관련 자료(data)는 무엇이 있나요?" "이에 대한 각자의 해석/설명은 무엇인가요?" "어떤 해석/설명이 우리에게 가장 도움이 될까요?"
	76-100 진정성 대화 (Authenticity)	"무엇이 가장 중요한가요?" "무엇이 가장 걱정되나요?" "현 상황을 어떻게 보고 계시나요?"

으려고 합니다. 자신이 상대방보다 더 지위가 높거나 힘이 있는 위치에 있다면 자신의 의견을 이야기하기 이전에 상대방의 의견을 질문을 통해 물어보는 것이 중요합니다.

진정성 대화를 하고 싶다면 여러분이 기억하실 것은 바로 다음의 질문들입니다. 이 질문들을 기억해서 상대방에게 적절하게 던지고 이야기에 귀를 기울이실 수 있다면 여러분은 진정성 대화를 할 준비가 되신 것입니다. 하나씩 살펴볼까요?

진정성 대화를 위한 세 가지 질문

컨버선트가 제시하는 진정성 대화를 위한 질문에는 다음의 세 가지가 있는데요.

"무엇이 가장 중요한가요?"

먼저 대화를 할 때 상대방이 중요하게 생각하는 것이 무엇인지를 묻습니다. 어떤 프로젝트를 시작하기 위한 회의를 한다고 가정해보지요. 이때 이런 질문을 할 수 있습니다. "김 대리에게는 무엇이 가장 중요한가요?" 내가 관리하는 직원이나 후배의 커리어, 혹은 자녀의 진로에 대해 이야기를 나눌 때도 "○○에게는 무엇이 가장 중요한가요?"라고 물을 수 있지요. 내게 업무 지시를 하는 상사에게도 마찬가지입니다. "부장님께서 이번 프로젝트에서 가장 중요하게 보시는 점은 무엇입니까?" 이 질문은 매우 커다란 힘을 갖고 있습니다. 누군가가 내게 어떤 일을 하거나 대화를 할 때 무엇이 가장 중요한지를 묻는다는 것은 존중한다는 뜻으로 받아들여지기 때문입니다.

"가장 걱정되는 게 무엇인가요?"

그다음에는 걱정거리에 대한 질문을 합니다. "상무님께서 보시기에 이 프로젝트를 저희 팀이 해나가는 데 있어서 가장 걱정되는 점이 혹시 있다면 무엇인지 여쭤봐도 될까요?"와 같이 상사에게 질문할 수 있습니다. 상사가 부하직원에게 업무지시를 할 때도 이 질문을 할 수 있지요. "이 프로젝트를 하는 데 있어, 김 대리에게 가장 걱정이 되는 부분은 무엇입니까?" 이렇게 하면 김 대리가 잘 모르는 부분을 이야기할 수도 있고, 프로젝트에 참여하는 누군가와의 갈등에 대해서 이야기할 수도 있겠지요. 이런 것을 모르고 무작정 지시만 했다가 나중에 문제가 터져 고생하는 것보다는 미리 조치를 할 수 있다면 좋겠지요.

사람들은 걱정이 있어도 누군가가 그것을 물어주지 않으면 속앓이를 하는 경우가 종종 있습니다. 진지하게 걱정거리에 대해 묻고, 그 이야기를 듣고, 함께 해결하는 것은 단지 상대방을 위한 일일 뿐 아니라 나에게 닥칠 수 있는 미래의 문제를 미리 해결하는 방법이기도 합니다. 내가 이끄는 프로젝트에 대해 팀원들이 걱정이 있어도 말을 하지 못한다면 나중에 문제가 생겼을 때 최종 책임은 나에게 있기 때문이지요.

"○○에게 어떤 의미인가요? 저에겐…"

마지막으로 상대방이 처한 상황, 프로젝트를 바라보는 서로 다른 시각에 대해 질문을 할 수 있습니다. 똑같은 프로젝트를 진행한다고 해도 각자 경험과 지식 정도가 다르기 때문에 그 프로젝트를 바라보는 관점은 다를 수 있습니다. 누군가에게는 그 프로젝트가 동기 부여의 계기가 될 수도 있지만, 누군가에게는 또 하나의 부담스러운 숙제일 수도 있습니다. "이 프로젝트가 김 대리에게는 어떤 의미인가요?" "김 대리는 현재 어떤 상황에 있나요?" 혹은 "이 프로젝트를 김 대리는 어떻게 바라보고 있나요?"와 같은 질문을 던져 그 사람이 처한 상황을 파악해볼 수 있습니다.

이처럼 상대방에게 중요한 것, 걱정거리, 상황에 대한 질문을 하면서 잊지 말아야 하는 것은 나에게 중요한 것, 나의 걱정거리, 내가 바라보는 상황에 대해서도 이야기를 해야 한다는 것입니다. 상대방의 의견만 듣고 정작 내 의견을 이야기하지 않는다면 상대방은 진정한 대화를 하고 있다고 느끼지 못하며 그것은 건강한 대화도 아닙니다. 이런 관점의 교환으로부터 공통점과 차이점을 발견하면서 "우리가 어떻게 하면 이 프로젝트를 위해 더 잘 협조할 수 있을까요?"와 같은 질문으로 이어간다면 훨씬 열린 대화를 할 수 있을 것입니다. 진정성 대화는 결국 서로의 관점이 만나는 지점이 어디인지를 발견하여 행동과 협조로 나아가기 위한 것이기 때문입니다.

'척하는' 대화와 '나만 옳아' 대화 방식이 자신만을 보호하기 위한 것이라면, '똑똑한' 대화와 '진정성' 대화에서는 서로 상대방의 정보와 관점을 배우기 위해 듣기를 실천하게 됩니다. 친구와 커피 마실 약속이 있으신가요? 한번 진정성 대화의 질문을 던져보세요. "삶에서 (혹은 커리어에서) 네게 가장 중요한 것은 뭐야?" "지금 네 삶에서(직장 생활에서) 가장 걱정되는 것은 무엇이니?" "지금 너는 네가 처한 상황을 어떻게 보고 있니?"라고요. 종종 카페에서 수다를 떨고 나서 찾아오는 허탈감을 느낀 적이 있다면 지금이 바로 진정성 대화의 질문이 필요한 시간입니다!

프로젝트를 시작할 때
스스로 답해보는 질문

진정성 대화의 세 가지 질문은 프로젝트를 진행하거나 상대방의 고민을 들을 때, 혹은 컨설팅이나 코칭을 할 때도 매우 유용합니다. 저는 다른 사람에게 질문하는 것 이전에 독자 여러분께서 스스로에게 이 질문을 자주 던지고 이로부터 나온 답을 관련자들에게 명확하게 이야기하시면 좋겠다는 생각을 합니다.

예를 들어, 직장에서 어떤 프로젝트를 시작하면서 첫 회의를 한다고 할 때, 스스로 세 가지 질문에 답변해보는 것이지요.

- "이 프로젝트에서 내가 가장 중요하게 생각하는 것은 무엇인가?"
- "이 프로젝트 참여와 진행에 있어 내가 걱정하는 요소는 무엇인가?"
- "나는 이 프로젝트를 어떤 방향에서 바라보고 있는가?"

그런 다음 이에 대한 답을 세 가지로 말해보는 것입니다. "제가 이 프로젝트를 하면서 가장 중요하게 생각하는 것은 … 이고요. 한 가지 걱정이 있다면 …입니다. 제가 보는 이 프로젝트의 장점과 단점, 현실성은 …입니다"와 같이 말이지요.

직장 생활과 관련해 상사 혹은 부하와 면담할 때도 이 질문을 사용해보세요.

- "직장 생활을 하면서 ○○님에게는 무엇이 중요한가요?"
- "직장 생활에서 걱정되는 것이 있다면 무엇인가요?"
- "현재 일하고 있는 직장 생활을 어떻게 바라보고 있나요?"

좋은 질문은 타인뿐 아니라 스스로에게 던질 때도 힘이 있습니다. 왜 힘이 있느냐고요? 내 생각을 좀 더 명확하게 만들어주거든요.

조언을 구해야 할까?
의견을 구해야 할까?

이 책을 시작할 때 프롤로그에서 상사에게 의견을 묻는 것보다 조언을 묻는 것이 더 낫다고 했던 것 기억하시나요? "현재 진행상황에 대해 어떻게 생각하세요?"보다 "현재 진행상황이 이런데, 잘 마무리될 수 있도록 조언을 부탁드려도 될까요?"라고 물어야 한다고요. 여기에서 그 이유를 설명해드립니다. 그동안 별생각 없이 상사에게 의견을 물었던 독자라면, 이제 생각이 바뀌실 것입니다.

상사에게 중간보고할 때

과묵한 성격의 윤 차장은 10주에 걸친 프로젝트의 책임을 맡아 주도하게 되었습니다. 처음에 프로젝트 개요에 대해 상사에게 보고를 했고, 중간에 월간 미팅 때면 현재 무엇이 진행 중인지 보고하면서, 비교적 잘되고 있다고 말했습니다. 10주 동안 어떻게 시간이 갔는지도 모르겠습니다. 때로는 야근을 해야 하기도 했죠. 노력 끝에 10주가 되던 날 상사에게 최종 보고를 했습니다. 그런데 상사의 표정이 심상치 않습니다. 상사는 이것저것 지적을 했고, 결국 10주간 노력한 프로젝트의 절반 이상을 다시 해야 하는 상황이 되었습니다. 아….

누구도 이런 상황을 맞이하고 싶은 사람은 없을 것입니다. 윤 차장의 입장에서는 물론이고 그 상사의 입장에서도 말이지요. 우리는 직장에서 하는 일에 대해 상사에게 지지를 받고 싶어 합니다. 과연 상사의 지지를 끌어내는 데 질문이 도움이 될 수 있을까요? 다행스럽게도 질문이 우리에게 힘이 될 수 있습니다. 다만 어떤 질문을 언제 하느냐의 문제에 대해서만 신경을 좀 쓴다면 말이지요.

여기에서 우리는 '개입(commitment)'이라는 심리학 개념을 이해할 필요가 있습니다. 이 개념을 이해하는 것은 그리 어렵지 않은데요. 잠시 마트에서 쇼핑을 하고 있다고 생각해보지요. 마트라는 장소를 생각할 때 여러분은 어떤 장면이 떠오르시나요? 넓은 매장 안에 상품별로 코너들이 있고, 수많은 제품들이 서로 소비자들의 선택을 받기 위해 경쟁하고 있겠지요? 이처럼 장소와 제품 외에 마트에서 일하는 분들을 떠올려보시면 어떤 그림이 그려지나요? 네, 제품을 진열하고, 손님들이 필요한 물건을 잘 찾을 수 있도록 안내하는 모습도 있겠지요. 여기에서 빠질 수 없는 것이 바로 시식 코너에서 일하는 분들입니다.

이분들은 여러분에게 어떤 행동을 하나요? 네, 말 그대로 어묵에서 떡, 고기 등 시식 대상 제품을 아주 작은 크기로 잘라서 여러분에게 맛보도록 권합니다. 어떤 분들은 시식 대상 제품을 시식하지 않은 채 바로 구매하는 경우도 있겠지요? 이 경우에는 이미 이 제품을 맛보고 만족했기 때문에 구매에 대한 망설임이 없어서 그럴 것입니다. 시식을 하는 분들은 이 제품 구매에 대해서 생각을 전혀 하지 않고 있거나, 살까 말까 고민이 되는 분들입니다(물론 여러 코너를 돌며 시식 그 자체만을 목적으로 하는 분들도 있지만요!). 이분들에게 구매라는 의사 결정을 하기 이전에 아주 작은 크기의 시식 제품을 부담 없이 무료로 맛보게 하면서 심리적인 개입을 제안하는 것입니다. 소비자에게 구매라는 결정을 하기까지 변화의 크기를 10이라고 가정할 때, 처음부터 10을 설득하는 것이 아니라 2-3 정도의 부담 없는 변화(이 경우 무료 시식이 되겠지요)를 만들어놓고, 상대방을 먼저 개입시키도록 하는 것이지요.

왜 이렇게 하냐고요? 시식을 통해 구매를 유도하는 제품을 A라고 해보지요. 만약 마트에 하루 동안 들른 소비자들을 시식 여부와 상관없이 무작위로 뽑아서 그들 중에 A 제품을 구매한 비율과, 그날 시식을 했던 사람들 중에 A 제품을 구매한 비율을 비교하면 어떻게 될까요? 당연히 후자 그룹의 구매 비율이 더 높을 것입니다. 이러한 개입은 우리 주변에서 흔하게 볼 수 있습니다. 자동차를 판매하는 영업사원들은 구매를 고민하는 사람들에게 시승을 권합니다. 구매하기 이전에 무료 시승기회를 제공함으로써 부담 없이 일단 특정 자동차에 개입하도록 만드는 것이지요. 저는 최근에 특정 주제에 대한 관심이 생겨 3-4개의 온라인 강좌를 놓고 고민을 했는데요. 10주짜리 온라인 강좌 한 곳에서 1주 정도의 강좌를 무료로 제공하여 잠재적 구매자인 저를 개입시키려고 하는 것을 보게 되었습니다. 왜 이런 현상, 즉 작은 개입이 결국은 구매와 같은 좀 더 큰 변화로 이어지게 되는 것일까요?

사람은 일정 방향으로 움직이고(개입하고) 나면, 그 방향으로 더 크게(예를 들면 구매라는 방향으로) 움직일 가능성이 높습니다. 사람들은 일관되게 행동하고자 하는 심리적 압력을 스스로에게 혹은 타인에게도 가하는 성향을 갖고 있습니다. 이를 설득의 고전인 《설득의 심리학》 저자 로버트 치알디니는 '일관성의 원칙(Principle of Consistency)'이라고 정리해놓았지요. 갑자기 개입에 대해 상세하게 설명드린 이유는 이 개념이 여러분께서 업무를 하실 때 다른 사람의 도움을 이끌어내는 데 유용하기 때문이며, 상사의 개입을 질문을 통해 만들어낼 수 있기 때문입니다.

다시 과묵한 윤 차장의 상황으로 돌아가보지요. 윤 차장이 10주간의 프로젝트를 한다면 일을 시작하고 어느 정도 진행이 되는 3-4주 차와 일이 마무리되기 직전인 8주 차 정도에 자신의 프로젝트를 평가할 상사와 미리 논의할 시간을 30분, 만약 상사가 바쁘다면 10분이라도 가져야 합니다. 개인적으로 만나도 좋고, 팀이 함께 하는 회의 시간을 활용해도 좋습니다. 이처럼 중간보고 때 자신이 프로젝트를 어떻게 진행해가고 있는지 보고만 하는 사람이 있고, 어떤 사람은 "상무님, 저희 진행상황에 대해 어떻게 생각하세요?"와 같이 상사의 의견을 묻습니다. 또 다른 소수의 사람들은 이렇게 묻습니다.

"상무님, 이상이 제가 진행해나가고 있는 상황인데요. 이 프로젝트를 좀 더 제대로 완료할 수 있도록 조언 몇 가지 주시겠습니까?"

자, 여러분이라면 어떻게 하시겠어요? 아예 질문을 하지 않고 보고만 하는 상황은 제쳐놓지요. 여러분이라면 상사에게 의견을 묻겠습니까? 아니면 조언을 구하는 질문을 하겠습니까? 힌트, 여러분은 마트에서 무료 시식을 권하는 직원이나 자동차 무료 시승을 권하는 영업사원처럼 상대방을 내가 진행하는 프로젝트 쪽으로 개입시켜야 합니다. 로버트 치알디니는 이런 경우에 대해 조언한 적이 있었는데요. 그가 우리에게 알려주는 비밀은 바로 상사에게 의견을 묻기보다는 조언을 구하라는 것이었습니다. 만약 프로젝트 진행상황을 보고

하고 의견을 구하게 되면 상사는 심리적으로 한발 물러나 비판적인 시각에서 문제점을 들여다보려고 한다는 것입니다. 반면 조언을 구하게 되면 상사는 심리적으로 윤 차장의 프로젝트 쪽으로 몸을 기울여 도움을 주려는 마음을 갖게 됩니다.

여러분이 상사의 마음이 되어 한번 생각해보시면 더 이해가 쉬울 수 있습니다. 여러분의 후배 팀원 두 사람이 각각 진행하는 프로젝트 A와 B가 있다고 치지요. 프로젝트의 실행의 질은 큰 차이가 없다고 가정해보겠습니다. 물론 상사인 나와 후배 직원 A 혹은 B와의 관계도 큰 차이가 없다고 가정하겠습니다. A는 여러분에게 진행상황만 보고하거나 어떨 때는 진행상황에 대해 상사인 나의 의견을 물었습니다. B는 여러분에게 프로젝트의 성공적 완수를 위한 조언을 구했습니다. 상사인 나는 어느 쪽의 프로젝트에 대해 더 애정을 갖게 될까요?

당연히 자신이 조언을 제공한 프로젝트일 것입니다. 후배 직원이 상사인 나의 경험과 전문성을 바탕으로 해준 조언을 듣고 노력해왔다는 것을 알고 있고, 내가 조언을 한 만큼 그 프로젝트에서 더 좋은 성과가 나와야 나에게도 의미와 일부 혜택이 있기 때문이지요. 자신이 조언한 프로젝트가 실패하기를 원하는 상사는 없습니다. 단순히 의견을 묻는 것보다는 성공을 위한 조언을 상사에게 구할 때 상사는 더 지지할 가능성이 높습니다. 물론 프로젝트 수행의 질이 형편없는데 단순히 조언을 구하는 것으로 상사의 지지를 받아내려는 것만 아니라면 말이지요. 한 발 더 나아가서 생각해보면 나보다 프로젝트 경험이 많은 전문가나 상사의 조언을 참고하는 것은 실제 그 프로젝트의 질을 높이는 데에도 도움이 될 가능성이 높습니다.

그러니 여러분이 지금 진행하고 있는 프로젝트가 있다면 상사와의 티타임이나 면담을 신청하세요. 그리고 그들의 의견보다는 조언을 물어보세요!

때로는 부하에게도 조언을 구해야 한다

조언을 구하는 질문은 상사 혹은 나보다 나이나 경험이 많은 사람에게만 구해야 하는 것일까요? 그렇게 생각했다면 이번 기회에 생각을 바꿔보시기 바랍니다. 조언이란 누구에게나 구할 수 있으며, 때로는 나보다 직위가 낮거나, 나이가 어린 사람에게도 구할 수 있다는 쪽으로요. 과거에 우리는 나이가 많거나 직장 경력이 많으면 삶은 물론 업무 관련 경력이나 전문성도 더 높게 인정받는 시대를 살았습니다. 하지만 디지털과 소셜미디어 시대가 되면서 역사상 한 가지 크게 변한 것이 있습니다. 나이가 어린 세대가 나이가 많은 세대보다 디지털이나 소셜미디어 분야에서 지식이 앞서는 세대가 된 것이지요. 지식뿐일까요? 나이 든 세대와 젊은 세대 중에서 최신 디지털을 이용해 삶을 살아온 시간과 경험은 누가 더 많을까요? 젊은 세대는 아주 어린 시절부터 디지털 경험을 일상처럼 누려왔습니다. 나이가 어리다고 이제 무조건 경험이 짧다고 할 수도 없는 시대가 된 것이지요. 부하가 상사에게 조언을 하는 역멘토링 제도가 나오게 되는 것도 이런 흐름과 밀접한 관련이 있습니다. 이제는 젊은 세대가 나이 든 세대를 가르칠 수도 있는 시대가 된 것이지요.

얼마 전 저는 한 스타트업에서 일하는 분과 이틀간 워크숍을 함께 하면서 짬짬이 디지털 트렌드에 대해 많은 질문을 했고, 조언을 요청했습니다. 그때 매우 압축되고 유용한 정보를 많이 얻을 수 있었습니다. 그분이 저보다 10년 가까이 나이가 어린 것은 아무런 문제가 아니었습니다.

최신 지식에 대해서만 그럴까요? 이처럼 시대가 변하면서 40대 이상의 관리자들은 전례 없는 세대 차를 보이는 20-30대 직원들을 어떻게 관리해야 할지 고민이 커져가고 있습니다. 팀을 이끌어본 경험은 오래되었을지 모르지만, 과거처럼 상사의 지시에 복종하는 직원이 아닌, 자신의 주장이 뚜렷하고 개인 생활을 중시하는 팀원들을 이끌어본 경험은 얼마 되지 않기에 당황스러운 경우가 생기게 되는 것이지요.

여러분이 부하의 입장에서 한번 생각해보시기 바랍니다. 잠시 내가 차 대리라고 하지요. 자주는 아니지만 1년에 몇 차례는 상사가 나를 불러 이렇게 이야기합니다. "이번 마케팅 프로젝트에서 디지털이 매우 중요한 분야인데, 내가 마케팅 경험이 많다고는 하지만, 디지털에 대한 경험이나 지식은 차 대리가 많잖아요. 그래서 이번 마케팅 프로젝트에서 디지털과 관련해 고민하는 부분이 두 가지가 있는데, 차 대리가 아는 한도 내에서 내게 조언을 해주었으면 해요. 내가 질문해도 될까요?" 혹은 새로 팀장으로 온 상사가 6개월 정도 지난 시점에 이렇게 말한다고 생각해보시지요.

"내가 팀장으로서 여러분과 함께 일한 지 6개월이 되었습니다. 평균 나이가 20대 후반인 우리 팀원들이 나이가 많은 나와 일하는 것도 쉽지 않은 측면이 있겠지만, 저도 리더로서 고민이 있습니다. 내가 어떻게 하면 좀 더 여러분과 잘 협조하면서 좋은 성과를 낼 수 있을까에 대한 고민이지요. 저는 여러분과는 다른 시대를 살아온 사람이라서 여러분을 좀 더 잘 이해하고 싶은데요. 오늘은 회의에서 팀장인 저와 여러분의 대화에 대해 논의해봤으면 합니다. 지난 6개월간 팀장인 저와의 회의를 여러 차례 해왔는데, 그간의 경험으로 놓고 볼 때, 앞으로 제가 어떻게 여러분과 소통을 하면 지난 6개월보다 더 좋은 팀워크를 발휘할 수 있을까요? 여러분이 제게 조언을 해주시겠어요?"

물론 이러한 상사의 질문을 '약한' 상사의 행동으로 보는 분도 있는 줄로 압니다. 나이나 직책 등 수직적 문화에 익숙한 사람이라면 상사는 늘 부하 앞에서 약점을 보이지 않고 강자처럼 행동해야 한다는 생각을 할 수 있죠. 하지만 곰곰이 생각해보면 아무리 상사라 하더라도 자신이 모르는 분야에 대해서 아는 척을 할 때, 우리는 대개 눈치를 챌 수 있습니다. 더

군다나 그 분야에 대해 관심이 있고 잘 아는 부하직원 앞에서 그러면 더욱 잘 알 수 있지요. "아, 저분이 스스로도 무슨 말을 하고 있는지 잘 모르는구나"라고 부하직원들은 생각을 합니다. 다만 보통 그 앞에서 그 말을 꺼내지 않을 뿐이지요. 서로가 체면상 그럴 뿐입니다. 그런 상황에서 자신의 전문분야가 아닌 것을 솔직하게 모른다고 하고, 부하직원에게 조언을 요청하고 도와달라는 상사의 모습이 약하게만 보이시나요? 사실 심리적 측면에서 살펴보면 자신의 약점을 마주하지 않고, 인정하지 않으며, 상대방에게 도와달라고 요청하지 못하는 것이 오히려 심약한 것입니다. 쉽게 말해 멘탈이 약해서 그런다고 볼 수 있습니다.

정말 자신감 있는 전문가는 모든 것을 다 안다고 하지 않습니다. 자신이 전문성을 갖고 있는 분야와 전문성을 갖지 못한 분야를 구분할 줄 알지요. 리더나 상사는 특정 주제에 대한 전문성을 갖고 있기도 하겠지만, 리더로서 중요한 전문성은 팀을 조율하고 함께 성과를 내도록 만드는 것입니다. 오케스트라의 지휘자가 마치 모든 악기를 다 연주할 줄 아는 것이 아니지만, 최고의 곡을 만들어내도록 조율하는 능력이 탁월한

것과 마찬가지이지요. 이처럼 상사이든 부하이든, 나이가 많
든 적든, 경험이 오래되었든 그렇지 않든 서로가 자신의 취약
성을 드러내고, 서로에게 도움을 요청할 수 있는 신뢰를 '취약
성 기반의 신뢰(vulnerability-based trust)'라고 부르며, 조직 건
강 컨설턴트인 패트릭 렌시오니(Patrick Lencioni)는 이것이 뛰
어난 팀워크의 가장 중요한 기반이라고 주장한 바 있습니다.

　여러분이 누군가의 상사로서 부하에게 자주는 아니더라도
때로는 조언을 구하는 것이 가져오는 또 다른 효과가 있습니
다. 그 부하직원은 매우 동기 부여될 가능성이 높다는 점입니
다. 상사가 부하직원에게 특정 분야에 대해서 조언을 구한다
는 것은 그만큼 그 직원이 인정받는다는 것을 의미하기 때문
입니다. 여러분이 부하직원에게 필요로 하는 조언은 어떤 것
인가요? 그 질문을 한번 해보시면 어떨까요?

10년 뒤의 내가 지금의 나에게

조언을 구하는 질문에 대한 우리의 시각을 한 단계 더 넓혀
보지요. 부하가 상사에게, 상사가 부하에게 조언을 구하는 질

문에 대해 우리는 살펴보았습니다. 이번에는 미래의 내가 지금의 나에게 조언을 하는 질문도 가능하다는 것에 대해 이야기하려고 합니다. 이런 질문에 대해 생각하게 된 제 개인적 경험을 하나 말씀드리지요.

"종이 있으면 하나 줘봐요." 대구에서 학생들에게 특강을 한 후 다섯 시부터 소주와 고기로 1차를 마치고 하양역에서 기차를 기다리며 맥주와 마른안주로 2차를 시작한 지 얼마 안 되었을 때였습니다. '술 마시다가 웬 종이?'라고 생각하며 가방에서 종이를 꺼내어 나를 초대해준 대구가톨릭대학교 최원오 교수에게 건넸습니다. 과격한 말투만 보면 그가 로마에서 가톨릭 교부학으로 박사까지 받았다는 것을 짐작하지 못하겠지만, 나는 그가 앞뒤 재지 않고 던지는 말 속에서 삶에 대한 통찰을 얻곤 합니다. 그만의 독특한 필체로 성경 시편에 나오는 한 줄을 내게 적어 주었습니다. "날수 셀 줄 알기를 가르쳐주시어, 우리들 마음이 슬기를 얻게 하소서."[12] 성서의 시편 90편 12절의 문구입니다. 안경을 이마 중간에 걸치고 읽은 뒤 "날수가 무슨 뜻이에요?"라고 물었습니다. 성서를 제대로 읽어본 적이 없는 저로서는 날수라는 말부터 무슨 뜻인지 몰랐기 때문입니다. 그의 설명을 듣고서야 날짜를 세는 지혜를 이야기함을 알았습니다. 그는 가장 좋아하는 구절이라면서 지혜의 '끝판왕'은 바로 날수를 셀 줄 아는 것 아니겠느냐고 말하고는 다시 맥주를 들이켰습니다.

　무슨 이유인지 그 후로 위의 장면, 특히 처음 들어본 그 성서의 문구가 끝도 없이 제 머릿속을 맴돌았습니다. 날수 세는 지혜를 갖는다는 것은 무엇일까? 냉장고 문짝의 우유통을 집을 때마다 유통기한을 확인하며 '모레까지는 먹을 수 있겠군'이라고 생각합니다. 날수를 세는 지혜란 결국 내 삶에도 유통기한이 있음을 알아차리는 것입니다. 날수 세는 지혜를 갖기 위해서는 세상 사람들과 다른 시계를 갖고 살아가야 합니다. 이 시계는 끝나는 시점까지 얼마가 남았는지를 알려주고, 내게 주어진 것들을 얼마나 더 할 수 있을지 다시 바라보게 만듭니다. 건강하게 몸을 움직일 수 있는 날, 글을 쓸 수 있는 날, 아내와 함께 여행할 수 있는 날, 돈을 벌 수 있는 날, 맛있는 것을 먹을 수 있는 날, 남들과 열심히 일할 수 있는 날….이처럼 끝나는 시점에서 지금을 바라보게 되면 우리는 겸손해지지 않을 수 없지요. 날수 세는 지혜는 나를 겸손하게 만들기 때문에 위대한 것 아닐까요?

날수 세는 지혜의 또 다른 의미는 '지금, 여기(now and here)'의 중요성을 아는 것입니다. 우리는 너무 자주 '나중에 해도 된다'고 믿습니다. 가족과의 시간은 은퇴하고 나면 충분하다고 생각하고, 지금 당장은 가족과 밥을 먹기보다는 상사나 동료와 회식을 나가지요. 지금 여유롭게 사는 건 사치스러운 것이라면서 일단 돈을 많이 벌고 좀 더 큰 아파트를 사는 데 매진합니다. 행복은 그 뒤에 느껴도 된다면서 오늘의 소소한 행복에는 눈을 감는 경우가 많습니다. 내 삶을 돌아보며 '어떻게 살아야 하는가'라는 질문을 던져볼까 하다가 머리가 복잡해지면 바쁜 회의와 일정 속으로 숨어버리기도 합니다. 날수 세는 지혜는 지금 하지 못하면 그 시간은 이후에도 오지 않을 수 있음을 알려줍니다. 지금 그와 깊은 이야기를 나눌 시간을 낼 수 없다면 어쩌면 평생 그와는 깊은 이야기를 나누지 못할지 모릅니다. 많은 사람이 그렇게 이 세상을 떠납니다.[13]

여러분은 그런 후회를 하신 적 없으신가요? '내가 10년만 젊었더라면…' '10년 전에 내가 다르게 살았다면 지금보다 나은 삶을 살고 있을 텐데…' 하고 말이지요. "내가 과거로 다시 돌아가면 어떻게 살까?"와 같은 질문과 후회는 자연스러운 것이지만 사실 덧없는 생각으로 그치게 됩니다. 그보다는 미래로 가서 미리 지금에 대해 후회해보는 것은 어떨까요? 10년 뒤 여러분의 나이를 한번 생각해보세요. 주변에 있는 분들 중에 10년 뒤의 내 나이를 갖고 현재 살아가는 분들을 한번 보시고요. 당연히 10년 뒤의 나는 지금보다 건강이나 에너지가 떨어져 있을 것이고, 주변의 상황이 지금보다 더 복잡할 수 있으며, 맡은 책임이 더 무거울 수도 있습니다. 어쩌면 걸음걸이도 달라져 있을지 모릅니다. 만약 10년 뒤에 지금의 내가 살아가는 모습을 떠올린다면 그때 저는 무엇을 가장 후회할까요? 이 글을 쓰고 있을 때 제 나이는 쉰입니다. 제가 예순이 되었을 때 지금을 돌이켜본다면 어떤 후회를 할까요?

실제 저는 몇 년 전에 이런 질문을 놓고 강연도 하고 저 자신을 위해 미리 후회하는 실험을 해보기도 했습니다. 그 결과 저는 이런 답을 얻었습니다. 여행을 좋아하고 맛집 찾아다니는 것을 좋아하는 아내와 저로서는 아마도 여행을 더 열심히 하고, 둘이서 같이 식사를 더 자주 하지 못한 것을 후회할 것입니다. 그리고 일도 중요하지만 좀 더 책을 많이 읽고 글을 더 왕성하게 쓰지 않은 것을 후회할 것 같더라고요. 그리고 그나마 힘이 있을 때 뒤늦게 시작한 목공기술을 좀 더 개발하지 않은 것을 후회할 것 같았습니다. 그래서 아내와 저는 일종의 가훈을 만들었습니다. "같이 먹는 게 남는 거다!" 네, 맞습니다. 좀 품위가 떨어지는 가훈이라고 생각하실 수 있을지 모르지만, 저희 두 사람에게는 매우 실용적인 가훈입니다. 저희 삶의 목표는 둘이서 맛있는 음식을 함께 먹는 횟수를 최대화하는 것입니다. 그 순간 저희가 가장 행복하거든요. 해외여행을 가도 저희는 그 지역의 맛집을 찾아다니는 것이 최우선입니다. 직장 때문에 점심을 함께 할 수는 없지만 평일에도 대부분 저녁은 집에서 함께 먹습니다. 아내와 서로 각자의 분야에서 책을 쓰고 번역하지만, 함께 경험한 것에 대해 같이 책을 쓰고 번역을 하고 싶은 생각도 있습니다. 제가 책 읽기와 쓰기, 만들기(목공), 함께 먹기 등등 몇 가지 중요한 일에 시간을 쏟는 것은 미래 시점에서 현재를 바라보는 질문을 던지면서 자연스럽게 조정하게 된 것입니다.

이처럼 미래의 특정 시점에서 현재를 바라보며 생각하는 것을 저는 '미래의 기억'이라고 부릅니다. 이러한 '미래의 기억'은 미래의 시간을 막연하게 무한한 것으로 여기던 생각을 제한된 시간으로 축소해서 생각하게 합니다. 예를 들어 내가 무거운 짐을 들고 여행을 자유롭게 다닐 수 있는 것이 65세 정도까지라면 그 시점까지 지금부터 몇 년이 남았는지를 명확하게 생각하게 되지요. 이렇게 되면 삶의 초점이 미래가 아닌 '지금, 여기'로 바뀌게 됩니다. 지금까지는 행복을 미래의 것으로 막연하게 미루어왔다면, 미래의 기억과 관련된 질문을 던지고 답을 하다 보면 오늘 이 시간의 행복이 얼마나 중요한지를 깨닫게 됩니다.

제가 10번 가까이 본 영화 〈사이드웨이(Sideways)〉를 보면 마야라는 여주인공과 마일즈라는 남주인공이 와인에 대해 대화하는 장면이 나옵니다. 마일즈는 61년산 슈발 블랑(Cheval Blanc)이라는 귀한 와인을 갖고 있지요. 마야가 언제 마실 거냐고 묻자, 마일즈는 특별한 때가 오면 마실 거라고 답합니다. 이때 마야는 그렇게 말하지요. "당신이 61년산 슈발 블랑을 따는 날이 바로 특별한 날"이라고 말입니다. 저도 과거에는 귀한 술이 있으면 아껴두었지만, 요즘은 아주 특별한 날이 아니어도 먼저 마시곤 합니다. 그럼 그날이 제게 특별한 날이 되는 것이지요.

세계적으로 유명한 리더십 코치인 마셜 골드스미스가 2007년 구글에서 강연할 때 세계에서 가장 훌륭한 코칭 질문을 다음과 같이 소개한 적이 있습니다.

"95세가 된 내 모습을 상상해보세요. 이제 숨 한 번만 더 쉬면 당신은 세상을 떠나게 됩니다. 그 마지막 숨을 몰아쉬기 바로 전, 당신은 선물을 받게 됩니다. 바로 현재의 당신에게 한 가지 조언을 전달할 수 있는 선물이지요. 과연 95세로 삶을 마감하는 당신은 현재의 당신에게 뭐라고 조언할 것 같습니까? 직업적인 측면에서는 뭐라고 할까요? 개인의 삶에 대해서는 뭐라고 말할 것 같습니까?"

그 시점이 세상을 떠나기 직전이든 아니면 10년 뒤이든, 미래의 시점에서 지금을 바라보는 질문은 지금 여기에서의 삶의 중요성을 깨닫게 하고 오늘을 대하는 나의 자세를 달라지게 만들 수 있습니다. 정신과 의사이면서 죽음을 연구했던 20세기의 위대한 인물 엘리자베스 퀴블러 로스가 데이비드 케슬러와 함께 쓴 《인생수업》에서 가장 결론이 되는 메시지를 책의 마지막 문장으로 적어놓았는데요. 다음과 같습니다. "삶의 마지막 순간에 바다와 하늘과 별 또는 사랑하는 사람들을 마지막으로 한 번만 더 볼 수 있게 해달라고 기도하지 마십시오. 지금 그들을 보러 가십시오."

여러분이 지금 이 책을 읽는 해에 여러분의 나이는 어떻게 되시나요? 거기에 10년을 더한 뒤, 그 기간 동안 지금보다 삶의 단맛과 쓴맛을 경험한 뒤에 더 지혜로워진 나의 모습을 상상해보시기 바랍니다. 그리고 바로 10년 뒤의 나에게 지금의 나를 보면서 조언을 해달라고 질문을 하면, 10년 뒤의 나는 뭐라고 조언을 해줄까요? 그 조언을 생각해보고, 더 늦기 전에 한번 실행으로 옮겨보시면 어떨까요?

미래의 기억에 대한
질문 만들기

미래의 기억에 대한 질문을 던지기 위해서는 시간에 대한 제한된 시각을 갖는 것이 중요합니다. 축소된 시각이 더 좋다고요? 네. 맞습니다. 내게 남은 시간이 얼마 남지 않았다는 것을 구체적으로 깨닫는 것이 중요합니다.

예를 들어보지요. 우리는 막연하게 80대까지는 살 것이라고 생각합니다. 평균 수명이 여성은 85세, 남성은 79세이니까요. 하지만 건강하게 살아서 활동적으로 지내는 날을 생각해보면 어떻게 될까요? 보통 마지막 10년은 병원이나 약국 신세를 지내며 활동적이지 못할 것입니다. 그렇다면 여성은 75

세, 남성은 69세에서 현재 나이를 빼면 얼마 정도의 나이가 남았는지를 알 수 있겠지요. 더 축소해서 볼까요? 비행기를 타고 자유롭게 해외여행을 건강하게 다닐 수 있는 나이, 경제 생활을 할 수 있는 나이, 정기적으로 월급을 받을 수 있는 나이를 생각해보면 이는 훨씬 축소됩니다. 50대 초반이면 보통 직장을 나오는 것이 현실이니 말이지요. (사실 2016년 통계에 따르면 자신의 커리어에서 주된 직장을 그만두는 나이는 49세입니다.)

미래의 기억에 대한 질문을 디자인하는 한 가지 방법은 내 삶에서 하는 여러 가지의 끝을 상상해보고 그 시점에서 지금을 돌아보며 조언을 하는 질문을 만들어보는 것입니다. 예를 들면 다음과 같은 미래의 기억 질문이 가능합니다.

- 현재 직장을 다니고 있다면 내 직장 생활, 즉 내 커리어의 마지막 날을 상상해봅니다. 어떻게 직장 생활을 마무리하고 싶은가요? 그 시점에서 지금 직장 생활을 하고 있는 나를 바라본다면 내게 어떤 조언을 해주고 싶을까요?
- 해외여행을 즐기는 편이라면 이런 질문이 가능합니다. 어느 시점에 가면 나이가 들고 몸도 불편해져서 더 이상

여행, 특히 해외여행을 즐기지 못하는 시점이 올 것입니다. 그 시점에서 지금을 바라보면서 여행에 대한 조언을 해준다면 뭐라고 할까요? 어느 곳을 먼저 가보라고 할까요?

• 책 읽는 것을 좋아한다면…. 더 이상 책을 읽지 못하는 시점에 지금의 나를 본다면 독서에 대해 어떤 조언을 해줄까요? 만약 내가 그 시점까지 100권의 책밖에 읽을 수 없다면 나는 어떤 책을 선택해서 읽을까요?

• 나이가 들어 지금의 나에게 건강과 관련하여 조언을 해준다면 과연 미래의 나는 지금의 나에게 무엇이라 조언할까요?

• 내 주변에 있는 이들도 영원히 내 곁에 있어주지 않습니다. 장례식을 갈 일이 많아지는 나이가 되었을 때, 혹은 그들이 내 곁을 떠난 상황에서 지금의 나에게 조언을 해준다면 어떤 조언을 할 것 같나요?

만약이라는 질문의 상상

만약 여러분이 비행기에서 옆자리에 앉은 누군가와 평생 잊지 못할 긴 대화를 나누게 된다면 그 사람은 누구였으면 좋을까요? 만약 여러분이 평생 10편의 영화만 볼 수 있다면 그 영화는 무엇이 될까요? 여러분이 역사적 인물 중에서 좋아하거나 존경하는 인물이 여러분이 갖고 있는 질문에 대해 조언을 해준다면 그는 뭐라고 해줄 것 같나요?

만약이라는 질문으로 우리는 수만 가지 상상을 할 수 있습니다. 그리고 그 질문에 대해 답변하는 과정에서 뜻밖의 통찰을 얻을 수도 있습니다. 만약이라는 질문은 가상적 상황에 대한 질문입니다. 이 질문은 아직 벌어지지 않은 최상 혹은 최악의 상황, 혹은 계획하지 않은 제3의 상황에 대해 미리 상상해보게 만듭니다. 생각만으로 진행하는 실험을 뜻하는 사고 실험(thought experiment)을 하기 위해서도 만약이라는 질문은 매우 중요합니다. 제가 보기에 만약이라는 질문이 가진 힘은 다양한 시나리오를 상상하게 만든다는 점에 있습니다. 이번 장에서는 만약이라는 질문을 여러분이 일상 업무나 삶 속에서 어떻게 사용할 수 있을지에 대해 살펴보겠습니다.

만약 이번 프로젝트가 실패한다면?

애덤 그랜트(Adam Grant)는 국내에도 《기브앤테이크》, 《오리지널스》 등으로 익숙한 베스트셀러 저자입니다. 그는 조직 심리학자로서 미국 아이비리그 대학 중 하나인 펜실베이니아 대학교 와튼 경영대학원의 최연소 종신교수이기도 하지요. 《오리지널스》에서 그는 미국의 글로벌 제약사 MSD(미국에서는 머크Merck라는 이름을 사용합니다)의 CEO인 케네스 프래지어(Kenneth Frazier)가 혁신과 변화를 이끌기 위해 어떤 대담한 질문을 던지는지에 대해 소개하고 있습니다. 그는 임원들을 모아놓고 자신들이 경영하는 회사가 파산할 수 있는 아이디어가 무엇인지에 대해 묻는다고 합니다. 임원들은 두 시간에 걸쳐 외부 경쟁사의 입장에서 자신의 회사를 공격할 수 있는 온갖 아이디어를 내놓습니다. 그런 뒤에는 다시 자신이 다니고 있는 회사의 입장에서 경쟁자들이 공격할 수 있는 부분에 대해 어떻게 방어할 수 있는지에 대해 논의를 이어갑니다.

애덤 그랜트가 '회사 죽이기(Kill the company)'라는 이름으로 소개한 이 비즈니스 게임은 제가 실제 위기관리 워크숍에서 활용하는 테러리스트 게임과 매우 흡사합니다. CEO와 임원 10여 명이 모인 위기관리 워크숍에서 팀을 나눈 뒤, 각 팀에는 특정 이해관계자 역할을 부여합니다. 고객, 정부, NGO, 언론 등. 그러고 나면 저는 이렇게 질문합니다. "주어진 이해관계자의 입장에서 한번 여러분이 경영하고 있는 회사를 생각해보시기 바랍니다. 그들의 입장에서 이 회사가 하고 있는 일 중에서 비판하거나 공격할 수 있고, 결국에는 회사의 실적과 평판에 악영향을 줄 수 있는 아이디어에는 무엇이 있습니까?" 임원들은 종종 '신나게' 자신의 회사에 악영향을 줄 수 있는 아이디어를 여러 다른 각도에서 생각하고 끄집어냅니다.

　인지 심리학자인 게리 클라인은 사람이 사망한 뒤에 그 원인을 찾아보기 위한 부검(post-mortem)이란 단어와 개념을 변형하여 '사전 부검(pre-mortem)'이라는 용어를 제안했습니다. 즉, 비즈니스나 프로젝트의 실패(죽음)를 미리 상상해보고, 그 원인이 무엇일지 사전에 찾아보자는 개념이지요. 이처럼 만일이라는 질문과 실패를 결합해 묻고, 방법을 찾다 보면 미래에 발생할 수 있는 위기를 줄일 수 있습니다. 하버드 경영대학원의 맥스 베이저만(Max Bazerman)과 리더십과 전략 컨설턴트로서 유명한 마이클 왓킨스(Michael Watkins)는 자신이 일하는 조직 내에서 어떤 예측 가능한 문제나 위기가 발생하고 있는지 스스로에게 그리고 서로 물어보고 논의하는 것만으로도 위기 예방에 도움을 주지만, 실제로는 거의 묻지 않는다는 점을 지적했습니다.[14]

　모든 일들이 계획대로 될 수 있는 것은 아니기 때문에 실패할 가능성을 미리 생각해보고 이에 대해 미리 예방조치를 할 수 있는 것이 무엇인지를 찾는 것은 큰 도움이 될 수 있습니다. 하지만 보통은 실제로 실패가 일어날 때까지는 그런 생각을 아예 하지 않으려는 경향이 있지요.

이 책을 읽으시는 여러분은 프로젝트를 추진하는 과정에서 이렇게 질문해볼 수 있습니다.

"지금 우리가 추진하고 있는 프로젝트가 당연히 성공해야 하고 우리 모두 노력을 하겠지만, 만약 계획과는 달리 조금이라도 잘못될 수 있다면 그런 상황은 어떤 것이고, 그 이유는 무엇이 될 수 있을까요?"

이러한 질문은 팀으로 하여금 새로운 각도에서 프로젝트를 다시 바라보게 만드는 힘을 갖고 있습니다. 휴가 여행을 갈 때도 마찬가지입니다. "만일 즐거워야 할 여행에서 낭패를 보게 된다면 이는 어떤 상황이고, 이에 대해 우리가 좀 더 미리 주의하거나 대비할 수 있는 것은 무엇일까?" 대표적으로 여권을 잃어버린다든지, 신용카드나 스마트폰, 현금을 잃어버리면 정말 낭패겠지요. 이런 질문을 던지고, 최악의 상황을 생각해봤다면, 여권과 신용카드를 복사하거나 사진으로 찍어 이메일 등에 보관하여 만일을 대비할 수 있을 것이고, 여권과 스마트폰, 지갑을 분산시켜 가지고 다닌다든지, 가방이 아닌 옷 속에 넣는 얇은 지갑에 보관하여 분실하지 않도록 조치를 할 수 있겠지요. 무엇보다 이런 최악의 시나리오를 생각하게 되면 여행 중에 물건을 잃어버리지 않도록 좀 더 주의를 기울이게 됩니다.

이뿐일까요? 극장에 가거나 비행기를 타면 여러분은 스크린에서나 승무원이 비상시 탈출 경로에 대해 안내할 때 주의 깊게 들으시는 편인가요? 아니면 뻔한 이야기라며 듣지 않으시나요? 이런 경우에도 최악의 상황이 벌어지게 될 때, 나와 친구나 가족들이 어디로 가장 먼저 대피해야 할까에 대해 아주 짧은 순간이지만 스스로 질문해보고 안내에 귀를 기울인다면, 만일의 상황에 좀 더 빠르게 대응할 수 있게 됩니다.

만약 누군가 우리와 다른 의견이라면?

한 글로벌 기업의 위기관리 컨설팅 프로젝트를 수행할 때의 일입니다. 컨설팅은 주로 그 기업의 외국인 CEO가 중심이 되어 관련 임원들과 이루어졌습니다. 당시 프로젝트의 목적은 조만간 발생할 수도 있는 잠재적 위기 상황에 대한 대비를 철저히 하기 위함이었습니다. 위기관리 대응을 위한 내부 커뮤니케이션에서 중요한 것은 '건설적 대화(constructive conversation)가 가능한가'입니다. 즉, 위기관리에 참여하는 인원들이 두려움 없이 각자가 우려하는 점에 대해 건설적으로 이야기를 나눌 수 있는가의 여부입니다.

우리는 종종 최고의 인재들이 모여 있는 조직들이 위기 상황에서 자신들의 실수나 잘못에 대해 뻔뻔하게 거짓말을 하거나 어설픈 입장문을 내놓아 더 큰 위기를 자초하는 모습을 목격하게 됩니다. 어쩌면 저렇게 허술한 대응을 할 수 있을까? 대중이 그런 대응에 그냥 넘어갈 것이라 생각했는지 어이없는 모습을 볼 때도 있습니다. 왜 이런 일이 발생할까요? 정말 문제가 되지 않을 거라 생각해서 그렇게 어설픈 입장을 내놓거나 거짓말까지 하는 것일까요?

2017년 말 서울에 위치한 이대목동병원의 신생아 중환자실에서 저녁 9시 30분에서 10시 52분 사이에 신생아 네 명이 사망하는 사건이 벌어져 많은 사람들에게 충격을 준 적이 있습니다. 위기 대응 커뮤니케이션 분야에서 오랫동안 컨설팅을 해온 저는 자연스럽게 이 병원이 사고에 대응하여 어떻게 커뮤니케이션하는지 관심을 갖게 되었고, 두 차례에 걸쳐 의료 관계 학회에서 발표를 하기도 했습니다. 병원 측의 대응에서 제가 가장 안타깝게 생각하는 부분은 기자회견입니다. 병원 측은 그 누구보다 충격과 분노, 두려움에 떨고 있었을 유가족과의 소통은 제대로 하지 않은 상태에서 기자회견부터 열었습니다. 유가족들은 병원 관계자가 아닌 인터넷 뉴스를 통해서 병원이 기자회견을 연다는 소식을 알게 되고 분노하게 됩니다.

SBS 뉴스와의 인터뷰에서 유가족은 이렇게 말합니다.

"전례가 없는 상황이 벌어졌어요. 지금 네 명의 아이가 죽고 네 명의 아이들의 부모가 안에서 아이의 시신을 안고 오열을 하고 있는 상황에서. 그 자리에서도 토요일, 밤 열한 시경이죠. 그리고 새벽, 다음 날 일요일 새벽 한 시, 두 시, 세 시경까지 그 어느 의사가 와서 위로의 말을 한 적이 없고. 네 명의 아이가 죽었는데 보호자, 어느 보호자를 붙잡고 위로의 말이나, 내가 지금 병원장인데 앞으로 지금 진행을 어떻게 하겠다는 말 단 한 번도 들은 적이 없어요. … 병원장이, 그 전날 와서 사과 한마디 없고, 아무런 대책에 대해 한마디 없던 병원장이 정말 웃긴 건 사과의 대상을 모셔 오지도 않은 거죠. 왜 유가족에게 사과한다면서 왜 사과의 대상, 사과를 받아야 할 사람들은 초대하지도 않고 왜 기자들을 앞에 놓고 유가족에게 심심한 사과를 한다고 하죠? 그쪽 의사들은 환자 없이 진료하나요. 정말 그건, 그 부분에서 저는 놀라움을 금할 수가 없고요."[15]

결국 기자회견장에서 숨진 신생아의 한 아버지는 이렇게 항의를 하게 됩니다.

"유족: 이대목동병원의 우선순위는 언론사예요, 유가족이에요? 지금 뭐 하시는 거예요, 이게.

병원 홍보실장: 다시 한번 유가족 여러분께 깊은 사과의 말씀을 드리고…

유족: 앞으로 이 일이 몇 달이 될지 몇 년이 걸릴지 모르겠지만 이대목동병원의 우선순위는 언론사이지 유가족이 아니겠네요?

병원 홍보실장: 저희가 그건 절대 아니고요. 저희가 지금 언론사…

유족: 그건 절대 아닌데 왜 지금 첫 단추를 이렇게 끼시죠?

병원 홍보실장: 다시 한번 사과 말씀 드리고 향후 유가족분들에

189

게…

유족: 브리핑을 할 예정이면 유가족 네 명 모두에게 연락을
해서 몇 시에 어디에서 하니까 와달라, 유가족 자리도 마련해
야 되는 거 아닙니까?

병원 홍보실장: 지금 이 자리는 언론 브리핑 자리였고 유가족들
은 자리를 따로 마련할 예정이었습니다.

유족: 언론 브리핑 자리를 먼저 마련해야 합니까, 유가족을
위한 브리핑을 먼저 마련해야 합니까?

병원 홍보실장: 다시 한번 사과 말씀 드립니다. 죄송합니다.

유족: 지금 병원 측에서는 사과 말씀만으로 끝날 일이라고
생각합니까?

병원 홍보실장: 향후 지속적인 조사 결과가 나오면 그에 상응하
는 조치를 저희가 취하도록 하겠습니다. 다시 한번 사과 말씀
드립니다. 죄송합니다."[16]

앞서 이런 기자회견 장면에 대해 가장 안타깝게 생각하는
부분이라고 했지만, 더 솔직히 말하면 어이없는 부분이기도
했습니다. 이는 위기 대응 전문가가 아니더라도 상식적으로
생각해보면 당연히 유가족에게 먼저 연락을 하고 양해를 구

한 뒤 기자회견을 했어야 하기 때문이지요. "만일 내가 낳은 아이가 병원에서 갑자기 사망했을 때, 나는 부모의 입장에서 병원 측이 무엇을 어떻게 해주기를 바랄까?"라는 질문에 대해 병원 측의 경영진이 곰곰이 생각해보았다면 절대로 이런 실수를 하지 않았을 것입니다. 만일 내가 부모라면 다음을 원할 것이 분명합니다.

첫째, 무엇이 잘못되었는지 왜 이런 일이 발생했는지 알고 싶다.

둘째, 병원 측이 절대 아무것도 숨기지 않기를 바란다.

셋째, 이 사건에 대한 사실을 뉴스를 보고 알고 싶은 피해자 부모가 어디 있나? 병원 측이 희생자 가족을 최우선으로 두고 설명해주길 바란다.

넷째, 병원 측이 자신의 실수와 잘못에 대해서 변명하지 않고, 진정 어린 사과를 하고 보상하기를 바란다.

경영진이 당황해서 이런 생각을 미처 못 했다고 생각할 수도 있습니다. 하지만 이렇게 유가족을 소통에서 배제한 채 기자회견을 열었을 때 자신들에게 더 큰 역풍이 올 것이라는 점을 우려하거나 확신한 사람이 과연 내부 관련 임원 중에 없었을까요? 병원은 최고의 인재들이 모여 일하는 곳입니다. 당연히 똑똑한 사람들이 많이 근무하며, 임원들은 대부분 유능할 것임이 틀림없습니다. 그런 것을 예상 못 했다면 오히려 더 큰 문제겠지요.

위기 상황에서 어처구니없는 대응을 하는 많은 조직들의 문제는 기술이 아니라 수직적 문화 등으로 인해 각자가 우려하는 부분을 두려움 없이 회의에서 건설적으로 대화할 수 없는 분위기가 조성되어 있다는 것입니다. 자신들의 위기 대응 전략에 대해 질문하거나 가정적인 질문을 할 수 없는 구조이겠지요. 각자의 이익도 아니고 자신이 속한 조직이 최선의 위기 대응을 할 수 있는 아이디어나 의견조차 제대로 꺼내놓을 수 없다면 이는 그 조직에게 더 큰 화로 돌아가게 됩니다. 위기 대응 과정에서 또 하나의 위기를 만들어내는 이러한 상황은 많은 경우 조직문화와 관련이 있습니다.

자, 이제 다시 제가 수행했던 글로벌 기업의 컨설팅 프로젝트 회의실로 돌아가보겠습니다. 저는 CEO에게 처음부터 제 역할은 고객의 반대편에 서서 의도적으로 공격과 질문을 제기하여 CEO가 의사 결정을 할 때 생각하지 못했던 지점을 발견하도록 돕는 것이라는 점을 분명히 했습니다. 그 CEO는 그게 자신이 컨설턴트인 나에게 기대하는 바이며 돈을 지불하는 이유라고 했습니다. 컨설팅 과정의 절반이 넘었을 때입니다. 저는 핵심 임원 두 사람이 레드팀(red team) 역할을 하도록 했습니다. 레드팀이란 쉽게 말해서 '악마의 대변인(devil's advocate)'처럼 조직 내외부에서 조직을 '위해' 조직의 반대편에서 문제점을 지적하는 역할을 수행하는 팀을 말합니다. 저는 그 두 임원에게 CEO의 취약점을 공격하는 역할을 맡겼습니다. 자신의 상사를 제대로 공격하지 못하면 어떨까 하는 우려가 있었지만, 이들은 놀랍게도 CEO를 '제대로' 공격했고, CEO는 그 과정에서 많은 교훈을 얻었습니다. 다행히 이 위기관리 프로젝트는 큰 문제 없이 잘 마무리되었습니다.[17]

실패와 반대는 다릅니다. 앞서 살펴본 질문이 "만약 실패한다면?"이라는 가정형이라면 이번에 살펴볼 것은 "만약 누군가 현재 우리의 결정과는 반대의 결정을 한다면?" 혹은 "누군가 우리 결정이나 반대 결정과는 다른 제3의 결정을 한다면?" 이라는 질문입니다. 의사결정 과정에서 다른 의견이 없이 모두 합의한다는 것은 좋다기보다는 잘못될 가능성이 높은 상황입니다.

앞서 두 사람이 어떤 사안에 대해 같은 생각을 한다는 것은 한 사람은 생각을 하지 않는 것이라는 말을 인용한 적이 있습니다. 세 사람 이상이 모여 논의를 하는데 모두 같은 생각을 한다? 그런 일이 발생할 수 있을까요? 그것이 휴가 때 갈 여행지를 정하는 문제이든, 6개월 뒤에 출시될 신제품의 마케팅 방향을 결정하는 문제이든 그럴 수 있을까요? 그랬다면 누군가는 고민이나 생각을 하지 않았거나, 상대방의 생각과 자신의 생각은 똑같다고 스스로를 설득했거나 거짓말을 했을 가능성이 높습니다. 특히 "모난 돌이 정 맞는다"라는 속담도 있고, '한마음' 혹은 '하모니'를 중시해온 우리가 이견이 없는 결정을 마치 바람직한 것처럼 생각하고 있는 것은 아닌지 생각해볼 필요가 있습니다. 엄밀히 말하면 모두가 한마음이란 것은 존재하지 않기 때문입니다.

조직 컨설턴트인 패트릭 렌시오니는 리더의 책임 중 하나는 갈등을 조장하는 것이라고까지 말하는데요. 이 말의 뜻을 한번 풀어볼 필요가 있습니다. 최종에 우리는 하나의 의견으로 합의를 할 수는 있습니다. 하지만 그 과정에서 여러 다양한 시나리오를 살펴보았는지가 중요한데요. 렌시오니가 갈등을 조장하는 것이 필요하다고 말한 것은 회의에서 서로 다른 의견이 나오도록 만들 필요가 있다는 의미입니다.

하지만 여러분이 참여하는 회의를 이끌고 있는 상사가 다른 의견이 나오도록 장려하는 분이 아니라면 어떻게 해야 할까요? 이럴 때 항상 여러분에게는 선택의 여지가 있다는 점을 잊지 마세요. 그냥 '우리 팀장님은 말해봐야 소용없어'라고 생각하지 않으셨으면 좋겠습니다. 우리는 너무 자주 무기력을 학습합니다. 때로는 틀을 깰 수 있는 선택을 시도해볼 수 있다는 생각을 하지 않지요. 비교적 안전하게 이런 시도를 할 수 있는 도구가 바로 질문입니다. 예를 들어, 자신의 의도를 명확히 밝힌 후에 레드팀의 역할을 해보는 것이지요.

"팀장님, 저는 우리의 결정이 성공하기를 바랍니다. 그런데 만약 우리와는 정반대의 의사결정을 했을 때 우리에게 어떤 이득과 손실이 있는지에 대해 의견을 나눠보면 어떨까요?"

"팀장님, 우리의 결정은 당연히 문제가 최소화된 것이겠죠? 그래도 혹시 저희가 생각하지 못한 위험은 없는지 잠깐 이야기 나눠보면 어떨까요? 만약을 대비해서요."

"팀장님, 저도 이 선택이 최선이라고 생각하는데요. 만약 이

선택을 했을 때, 소비자들이 우리의 예상과는 다르게 반응할
가능성은 없을까요?"

이와 같은 문장들을 활용하여 질문할 수 있습니다.

만약 한다면 혹은 하지 않는다면?

살아가면서 우리는 여러 가지 변화를 시도하게 되고, 그때마
다 의사결정의 순간을 마주하게 됩니다. 회사에서는 매일 새
로운 프로젝트와 미션이 생겨납니다. 개인적으로도 마찬가지
입니다. 뜻하지 않게 새로운 직장이나 부서에서 여러분에게
옮겨볼 생각이 있는지 묻는 변화의 기회가 찾아옵니다. 그뿐
입니까? 하지 않던 운동을 해볼까 싶기도 하고, 가지 않던 곳
을 여행해볼까 싶기도 하며, 먹지 않던 음식을 먹어볼까 싶기
도 합니다. 직장을 다니다 갑자기 학교를 다녀볼까 하는 변화
를 고민하고, 다니던 학교를 그만둘까 하는 결정을 두고 고민
하기도 합니다. 새로운 습관을 들여볼까 싶기도 하고, 때로는
하던 운동과 가려던 여행지, 먹으려던 음식을 포기하는 변화

를 시도하기도 합니다. 저 역시 지금 질문이라는 주제를 놓고 책을 쓰는 시도를 하고 있습니다.

우리는 살면서 셀 수 없이 많은 변화를 겪고 의사결정을 하게 됩니다. 물론 점심 메뉴 결정처럼 쉽게 시도해볼 수 있는 것이 있는 반면, 때로는 직장이나 습관의 변화, 시간과 돈이 투자되는 여행지 결정이나 학교 진학과 같은 중요한 결정과 마주하게 됩니다. 혹은 그런 중요한 결정을 마주하고 있는 사람의 고민을 듣고 조언하는 입장에 서게 되기도 합니다. 이럴 때 우리에게 좋은 질문의 도구가 있습니다. 만약 그런 변화를 시도할 경우에 얻을 수 있는 이득은 무엇인지, 그리고 변화를 시도하지 않을 경우 내가 잃을 수 있는 것은 무엇인지에 대해 생각해보는 것입니다.

예를 들어 직장을 다니다가 대학원에 가볼까 고민하는 친구에게 혹은 스스로에게 우리는 위의 두 가지 질문을 시작점으로 삼아 의사결정에 도움을 주거나 받을 수 있습니다. 즉, 다음과 같은 질문으로요.

"대학원에 가서 좀 더 전문적인 공부를 하고 학위를 받았을 경우에 좋은 점은 무엇일까?"

"대학원에 진학하지 않고 현재 그대로 직장 생활을 했을 때 나에게 올 수 있는 손해는 무엇일까?"

예를 들어, 한 지인이 경영학 석사학위 과정을 밟아볼까 고민하고 있을 때, 저는 위의 두 가지 질문을 던졌습니다. 이야기를 들어보니 최근 승진의 기회에서 떨어지고 나서 심각하게 고민을 하게 되었다는 것입니다. 자신 말고 승진을 한 사람은 경영학 석사학위가 있었다는 점을 생각하게 된 것이지요.

그렇게 시작한 대화에서 저는 과연 지금의 상태에서 석사학위만 있다면 향후 승진의 기회가 높아진다고 볼 수 있는지에 대해 물었습니다. 당연히 그렇지 않았습니다. 더군다나 학위를 따기 위해 쓰는 돈과 시간을 생각해보면 너무나 불확실한 곳에 투자를 하려는 것이었습니다. 마찬가지로 석사를 받지 않을 경우 본인에게 올 수 있는 손해가 무엇인지 물었을 때, 지인은 딱히 그 점도 명확히 찾지를 못했습니다. 결국 제가 어떤 결정을 해준 것은 없었지만, 지인은 30여 분 동안의 대화를 통해 자신이 대학원 학위에 대해 바람직하거나 현실적이지 않은 기대를 하고 있다는 답을 스스로 명확하게 얻었고, 진학을 하지 않기로 했습니다. 대신 저는 본인의 전문성을 높이는 것이 목표라면 다른 단기 과정 등을 통해서도 찾아볼 수 있을 것이라고 말해주었습니다.

저는 보통 이런 진학과 관련된 고민에 대해 무엇을 얻을 수 있는지 질문했을 때 자신이 한번 깊이 파보고 싶은 주제가 있다고 하면 비교적 진학을 권하는 편입니다. 실제 대학원에서는 수업보다는 논문이라는 과정을 통해 자신이 원하는 주제에 대해 깊이 있게 연구해볼 수 있기 때문이지요. 그런 경우에는 학위 자체가 유일한 목표가 아니라 어떤 주제에 대해 깊이 들어가보고 싶다는 목표가 있기 때문에 후회할 가능성이 상대적으로 적습니다. 반면에 학위 자체가 목표였다면 사실 이후에 많은 후회를 하게 되지요. 학위를 딴다고 해서 직장인에게 주는 이득, 예를 들면 승진이나 보상 등이 명확하다고 보지 않기 때문입니다. 다니고 있는 직장에서 추가적인 학위를 필수로 요구하지 않는다면 말이지요.

반면 반대의 상황에서도 똑같은 질문은 유용할 수 있습니다. 저는 나이 마흔에 뒤늦게 박사과정에 진학했습니다. 사업도 마흔에 시작했지만, 사업보다는 공부에 더 비중을 두고 있었죠. 야간이 아닌 주간 수업을 들어야 했고, 그것도 서울이 아닌 대전에서 숙소를 얻어 지냈기 때문입니다. 사업은 공부에 방해가 많이 되지 않는 선에서 어느 정도의 생활비를 벌기위해 서울을 오가며 했습니다. 빠르면 4년 안에 마칠 수 있겠다는 희망도 있었지만, 결국 저는 무려 8년 차가 되어서야 학위를 취득할 수 있었습니다. 왜 그 과정에서 그만두고 싶은 생각이 없었겠습니까. 그때, 공부를 중간에 그만두면 내가 얻는것이 무엇일지 생각해보았습니다. 사업을 위한 시간이 좀 더생길 것이고, 돈을 좀 더 벌 수 있을 것 같았습니다. 동시에 학위과정을 중간에 그만둘 경우 제가 잃을 것이 무엇인지에 대해서도 생각해봤습니다. 솔직히 두 번 실패한다는 걱정이 있었습니다. 저는 20대 때 미국에서 박사과정에 진학했다가 한국의 경제 위기로 환율이 거의 두 배로 뛰면서 공부를 중단했던 적이 있었거든요. 중단했던 공부에 대한 아쉬움이 박사과정 진학에도 영향을 미쳤습니다. 동일한 과정에서 두 번 실패한다는 것이 제 의사결정에 영향을 주었음을 인정하지 않을수 없습니다.

반면 공부를 중단하지 않고 그대로 끝까지 갈 경우에 제가잃을 것은 무엇인지를 생각해봤습니다. 돈을 좀 적게 벌 것이고, 계속해서 논문을 쓰느라 고생을 할 것이라는 점 말고는 딱히 떠오르는 것이 없었습니다. 물론 끝이 보이지 않았기에 언제까지 계속 노력을 할 것인지는 정해야 했습니다. 적지 않은 대학원생들이 논문이 잘 써지지 않거나 할 때 휴학을 선택합니다. 잠시 쉬고 직장일 하다가 논문을 다시 쓰겠다고 하는 것이지요. 저 역시 두 학기 정도 논문에 대해 거의 진전이 없었던 때가 있었고, 휴학을 해야 할까 고민한 적이 있었습니다. 휴학을 하면 논문을 마감하는 기한을 좀 더 연기시킬 수가 있거든요. 그때, 그렇게 생각했습니다. 논문이 잘 써지든 안 써지든 휴학은 하지 말고 그대로 가자. 그리고 학교에서 정한 기한 내에 논문을 마무리하지 못하면, 학위 과정을 깔끔하게 포기하도록 하자. 다행히 기한을 얼마 남기지 않고 마무리할 수 있었습니다.

운동을 할까 고민할 때도 마찬가지입니다. 운동을 했을 때 내게 돌아오는 이득은 무엇인지, 운동을 하지 않았을 때 내게 돌아오는 손해는 무엇인지를 물어보게 되면, 좀 더 장기적인 예측을 할 수 있고, 그러한 예측은 지금 내가 하는 의사결정에 도움을 주게 됩니다.

코칭을 할 때 리더가 직원들의 이야기를 더 잘 듣는 리더가 되고 싶다고 할 때도 저는 이렇게 묻습니다. 직원들의 이야기를 잘 듣게 되면 회사와 당신에게는 어떤 이득이 있느냐고. 그리고 지금처럼 잘 듣지 않고 지내면 무슨 손해가 당신과 회사에 오게 되냐고. 이런 질문을 통해 사람들은 자신이 어떤 변화를 추구해야 할지 말지, 그리고 그런 의도가 얼마나 진지한 것인지에 대해 생각하게 되며 좀 더 나은 의사결정을 할 수 있습니다.

내 일상에서는
어떤 '만약'의 질문이 있을까?

이 책, 특히 '만약'이라는 질문에 대해 쓰고 있는 동안에 저는 한 프로젝트를 시작하면서 고객과 미팅을 했습니다. 이 프로젝트에서 우리가 어떤 일을 하게 될 것이고, 고객이 기대하는 바가 무엇인지, 주의할 점은 무엇인지 등에 대해 이야기 나누는 자리였습니다. 미팅이 중반을 넘어섰을 때, 저는 고객사 CEO에게 이렇게 물었습니다. "사장님, 그럴 가능성은 희박하겠지만, 이번에 함께 진행하는 이 프로젝트가 실패했다고 가정해보지요. 그랬을 때, 실패의 원인으로 떠오르는 것이 있다면 어떤 것입니까?"

이때 그 CEO의 답변으로부터 우리는 프로젝트를 수행하는데 있어 주의해야 할 매우 실용적인 팁을 얻을 수 있었습니다. 바로 이번 장에서 우리가 살펴본 '사전 부검'을 사용한 질문이었습니다.

반대로도 활용해볼 수 있습니다. 여러분이 원하는 것은 무엇인가요? 만약 그것이 이루어졌다면, 여러분은 어떤 상태일까요? 그리고 그 성취 이유는 무엇일까요?

배우이자 제게는 초등학교 동창이기도 한 오지혜 씨가 제게 그런 말을 해준 적이 있습니다. '만약(what if)'이라는 단어에는 매직이 숨어 있다고. 만약이라는 단어를 놓고 우리는 수없이 많은 시나리오를 생각해볼 수 있습니다. 그 과정에서 실패를 예방할 수 있는 방법을 발견할 수도 있고, 의외의 새로운 아이디어가 내게 올 수도 있지 않을까요?

- 만약 지금 하고 있는 일이 결국 실패하게 된다면 그 이유는 무엇일까?
- 만약 내 커리어에 대해 10년 뒤에 후회하게 된다면 그

이유는 무엇일까?

- 만약 10년 뒤에 지난 10년을 돌아보면서 가장 아름답고 재미있었던 장면을 떠올린다면 그것은 무엇일까?
- 만약 내가 ○○의 입장이라면 어떤 점을 중요하게 보거나 걱정했을까?
- 만약 내가 생각만 하던 그 계획을 이번에 실행하게 된다면 어떤 일이 벌어질까? 혹은 생각만 하던 계획을 결국은 실행하지 않게 된다면 나는 이후에 어떻게 생각할까?

저녁에 피곤한 몸을 이끌고 집에 돌아오면 무엇을 하시나요? 차를 한잔 마시며 빈 노트를 펴놓고, 만약이라는 단어 뒤에 여러분만의 마술 질문을 써보시면 어떨까요?

선택과 집중을 위해
한 가지를 묻는다

선택과 집중은 참 흔하게 듣는 말입니다. 삶에서 그리고 일에서 우선순위가 중요하다는 것은 누구나 알고 있습니다. 하지만 정작 중요한 것을 먼저 실행하는 사람은 많지 않습니다. 그렇기 때문에 선택과 집중, 우선순위의 중요성에 대해 우리는 반복해서 이야기하고 있는지도 모르지요. 질문은 우리에게 선택과 집중을 하는 데 도움을 줍니다. 물론 제대로 던진다면 말이지요.

어떤 질문이 그럴까요? 바로 한 가지에 대해 묻는 질문들이 그렇습니다. 앞으로는 "무엇이 중요한가?"라고 묻기보다는 "가장 중요한 것 한 가지는 무엇인가?"라고 물어보세요. 혹은 무엇이 중요한지에 대해 묻고 나서는, 한 걸음 더 들어가서 그 중에서 가장 중요한 것 한 가지는 무엇인지에 대해 후속 질문을 던져보세요. 질문을 하는 사람이나 받는 사람 모두가 무엇이 가장 중요한지에 대한 기준을 좀 더 명확하게 알고, 실행하는 데 도움이 될 것입니다. 이번 장에서는 한 가지에 대해 물을 수 있는 대표적인 질문 세 가지에 대해 이야기하고자 합니다. 물론 여러분께서는 이런 질문들을 활용해 다양한 한 가지 질문들을 개발하실 수 있을 겁니다.

이전과 이후에 한 가지를 바꿀 수 있다면?

이 팀장은 직속 상사인 김 이사 때문에 답답할 때가 많습니다. 소통할 때 명확하게 이야기하지 않기 때문이지요. 업무 지시도 애매할 때가 많습니다. 회의 시간에 김 이사가 새로운 업무에 대해서 설명하는 것을 듣고 있으면 무엇이 중요한지 도무지 감이 잡히지 않습니다. 한번은 "이사님, 무슨 말씀을 하시는지 잘 못 알아듣겠어요"라고 했다가 자존심이 상했는지 김이사가 버럭 화를 낸 적도 있습니다. 여러분이라면 이런 경우 어떻게 하시겠어요? 이럴 때 우리는 '한 가지'에 대한 질문을 던질 수 있습니다. 예를 들어 김 이사에게 이 팀장은 이렇게 질문할 수 있습니다.

"이사님. 이 프로젝트를 우리 부서에서 하는 것은 결국 프로젝트를 하기 이전과 이후에 뚜렷한 변화를 만들어내기 위해서일 텐데요. 물론 중요한 것들이 많겠지만, 우선순위를 파악하기 위해 한 가지 궁금한 것이 있습니다. 이 프로젝트를 실행하기 전인 지금과 성공적으로 완수한 이후에 만약 우리가 한 가지만을 뚜렷하게 변화시킬 수 있다면 그것은 무엇이 되어야 할까요?"

때로는 김 이사가 이에 대한 답을 줄 수도 있을 것이고, 그에 대해 답을 못 한다면 함께 찾아봐야 할 것입니다. 이런 질문에 대해 화를 낼 상사는 설마 없겠지요. 혹은 이에 대해 여러분의 의견을 제시하면서 질문을 할 수도 있습니다. 예를 들어 "저는 만약 이 프로젝트를 통해 우리가 한 가지만 변화시킬 수 있다면 그것은 이러이러한 것이라고 판단하고 있는데요. 이사님께서도 그렇게 생각하시는지요?"와 같이 질문할 수 있습니다.

'한 가지를 변화시킬 수 있다면'이라는 질문은 거의 모든 일을 실행할 때 함께 일하는 사람에게 혹은 스스로에게 물을 수 있습니다. 제 경우 질문에 대한 이 책을 기획하는 과정에서 그리고 쓰면서 계속해서 묻는 질문도 역시 한 가지에 대한 것입니다. 이 책을 읽은 독자 여러분이 읽기 이전과 비교해서 한 가지 변화를 이룰 수 있다면 나는 저자로서 그 변화가 무엇이 되길 바랄까요? 눈치챈 독자 여러분도 있겠지만, 저는 이 책을 읽는 여러분께서 자신만의 '질문 상자'를 갖게 되기를 바랍니다. 그런 의도에서 검증된 좋은 질문들을 이 책에서 소개하는 것이고, 단순히 질문을 나열하기보다는 각 질문이 담고 있는 의미가 무엇이며, 어떤 상황에 사용할 수 있는지에 대해 상세하게 적고 있습니다.

반면 저는 이 책을 쓰기 이전과 비교해서 쓴 이후에 제게 어떤 한 가지 변화가 일어나길 바라는 것일까요? 이에 대해서도 생각해봤습니다. 저는 앞서 설명드린 대로 질문하는 것으로 먹고사는 사람이기 때문에, 이 책을 쓰게 됨으로써 질문에 대한 저만의 체계를 갖추고자 합니다. 여러분께서는 독자의 입장에서 여러분에게 필요한 질문 상자를 갖게 되시겠지만, 저로서는 고객에게 제공할 수 있는 질문 상자의 세트들을 다양하게 만들면서도 일련의 체계를 갖추어 정리하는 것이 이 책을 쓰면서 얻고자 하는 한 가지입니다.

일을 하시면서 다양한 기획이나 제안을 하시게 될 경우에도 한 가지에 대한 질문을 묻고 답하는 것은 중요합니다. 기획서나 제안서란 기본적으로 현재 있는 지점에서 기획하거나 제안하는 프로그램을 실행했을 때 어디로 이동하게 되는지를 보여주는 것이거든요. 프레젠테이션이나 강연도 마찬가지입니다. 사람들이 내 발표를 들은 이후 듣기 이전과 비교해 한 가지 변화가 일어날 수 있다면 나는 그것이 무엇이 되기를 바라는지가 명확해야 이해하기 쉽고 목적이 분명한 발표를 할 수 있습니다. 심지어 저는 어떤 프레젠테이션을 할 때 처음에 이 질문에 대한 답을 하는 것으로 시작합니다. 예를 들면 "오늘 제가 약 20분간 발표를 하고 나서 여기에 앉아 계신 분들께서 한 가지만을 가져가실 수 있다면 그게 무엇일지에 대해 생각해봤습니다"라고 말을 합니다. 그러면서 그에 대한 제 의견을 밝히고 제 발표의 의도가 무엇인지, 핵심 메시지가 무엇인지를 명확하게 이야기하는 것입니다.

조만간 여러분께서 발표하거나 기획서를 준비할 일이 있으신가요? 휴가를 가시나요? 주말을 특별하게 보내고 싶으신가요? 내가 바라는 한 가지 변화에 대한 질문을 해보시기 바랍니다. 한 가지를 묻는 질문은 우리가 적어도 한 가지에 좀 더 잘 집중할 수 있도록 도와주니까요.

내가 바꾸고 싶은 한 가지는 무엇인가?

개인적 삶에서는 어떨까요? 물론 한 가지 변화에 대한 질문은 우리 삶을 살아가는 데에도 도움이 됩니다. 그런 말이 있습니다. 어제보다 나은 오늘을 만들어가자는 말. 만약 여러분이 어제보다 나은 오늘을 살아가고 싶다고 가정해보지요. 그렇다면 여러분께서는 매일 아침 혹은 저녁 이런 질문을 스스로에게 던질 수 있습니다.

"만일 오늘 내가 어제보다 더 나아지기 위해 한 가지만을 변화시키고 싶다면 그것은 무엇일까?"

"만일 어제보다 오늘 나아진 것 한 가지가 있다면 그것은 무엇일까?"

"오늘보다 내일이 더 나아지도록 만들기 위해서 나는 내일 무엇에 신경 쓰고 싶은가?"

저는 이 질문을 매일 묻지는 않습니다. 하지만 왠지 어느 날 별 의미 없이 시간을 보내고 있다는 불안감이 닥쳐올 때, 이런 질문을 던지게 됩니다. 어떤 날은 '그래 어제보다 좀 더 건강한 하루를 만들어보자'라고 생각하고는 다른 일정보다 무조건 많이 걷기를 시도할 때가 있습니다. 때로는 다른 것 말고 오늘은 어제보다 책을 많이 읽는 하루가 되기를 바라며 책을 집중해서 읽을 때도 있습니다. 물론 아무런 생각 없이 푹 쉬는 것이 어제보다 더 나은 오늘을 보내는 방법이겠다 싶어서 그럴 때도 있습니다.

한 가지에 대한 질문은 한 해의 계획을 세울 때 그 가치를 더 발휘합니다. 만일 올해 내가 한 가지만을 변화시키고 싶다면 그것은 무엇일까? 일 년 동안 건강 한 가지의 변화에 집중할 수도 있고, 어떤 경우에는 자신의 역할을 직장인, 개인, 책 읽는 사람, 취미를 즐기는 사람 등등으로 나눈 뒤, 각 역할에서 한 가지씩 내가 원하는 변화를 묻고, 노력할 수도 있습니다.

리더십 코칭을 할 때도 한 가지에 대한 질문은 중요합니다. 저는 세계적으로 가장 많이 사용되는 코칭 모델 중 하나인 마셜 골드스미스의 이해관계자 중심의 코칭 모델을 사용하는데요. 여기에서도 1년 동안 한 명의 리더가 개선할 수 있는 것은 한 가지 행동이며, 많이 늘린다고 하더라도 통상 두 가지를 넘어가는 경우는 거의 없습니다. 어떤 분들은 리더로서 향후에 여러 가지를 개선하겠다고 욕심을 내기도 합니다. 하지만 코치는 리더가 자신의 리더십 개선을 위한 변화에서 중점을 두고 싶은 한 가지가 무엇인지를 찾아내도록 돕습니다. 그리고 통상 1년 동안 그 한 가지를 꾸준히 개선하도록 돕는 데 목표를 둡니다.

그런데 혹시 눈치채셨는지 모르겠습니다. 질문에서 "바꾸어야 하는"이 아니라 "바꾸고 싶은"이라고 한 이유가 무엇일지에 대해서요. 아주 특별한 상황, 예를 들어 무엇을 바꾸지 않으면 건강을 해칠 수 있다든지, 생명에 지장을 줄 수 있다든지 하는 것이 아니라면, 사람들은 변화를 강제당하거나 변화가 과제처럼 주어지는 것을 받아들이지 않습니다. "사람들은 변화에 저항하지 않는다. 변화당하는 것에 저항한다(People don't resist change; they resist being changed)"[18]라는 말이 있습니다. 그래서 "만약 한 가지만을 바꿀 수 있다면 무엇을 바꿔야 한다고 생각하십니까?"라고 묻기보다는 "만약 한 가지만을 바꿀 수 있다면 무엇을 바꾸고 싶은가요?"라고 묻는 것이 더 좋습니다. 혹은 "무엇을 바꿔야 한다고 생각하십니까?"라고 물은 뒤에 후속 질문으로 바꿔야 할 한 가지가 바꾸고 싶은 한 가지와 일치하는지를 확인해야 합니다. '바꿔야 할' 한 가지가 '바꾸고 싶은' 한 가지가 아니라면 현실적으로 변화가 생겨나기 힘들기 때문입니다. 우리는 자주 너무 많은 것을 변화시키려다가 하나도 바꾸지 못하는 경우가 많습니다. 그래서 한 가지 바꾸고 싶은 것에 대한 질문은 더 특별합니다.

그 경험으로부터 얻은 한 가지가 있다면?

제가 만약 이 책을 읽은 여러분과 만나게 된다면 묻고 싶은 질문이 있습니다. 이 책의 내용을 읽고 갖게 된 여러분만의 질문 한 가지가 있다면 그것은 무엇일까요? 책을 읽으시면서 '아, 이 질문은 나도 한번 써보고 싶다'라는 생각이 든 한 가지 질문이 있다면 그것은 무엇일지요?

저는 6년째 SBS 라디오 〈최영아의 책하고 놀자〉라는 프로그램에서 격주로 서평을 해오고 있는데요. 코너의 제목이 '김호의 서바이벌 키트'입니다. 이 코너의 출연 제안을 처음 받고 기획을 할 때 제가 생각했던 것은 좋은 책을 읽고 각 책에서 독자에게 제시하는 한 가지의 서바이벌 키트를 발견해서 청취자들에게 전달해보자는 것이었습니다. 독서뿐 아니라 여행, 강연, 직장에서 하는 각종 경험 등으로부터 얻은 한 가지를 생각해보는 질문은 나름 힘을 갖고 있습니다. 그 힘이란 바로 가장 중요한 것을 생각해보게 하고, 그것에 집중하도록 유도하는 것이지요.

상사가 출장을 다녀왔다고 해보지요. 여러분은 그 상사와 커피를 마시게 되었습니다. 상사는 출장에서 벌어진 해프닝에서부터 보고 느낀 것들 등 여러 가지를 이야기하겠지요. 그럴 때 여러분이 이렇게 질문해보면 어떨까요?

"부장님, 저는 이번에 직접 출장을 가보지는 못했지만, 한 가지 알고 싶은 것이 있는데요. 부장님께서 이번 출장에서 가장 인상 깊었던 장면 한 가지만 말씀해주신다면 그것은 무엇입니까?"

보통 "무엇을 느꼈습니까?"라고 묻게 되면 아무것이나 생각나는 대로 답변하겠지만, 이렇게 한 가지로 좁혀서 질문을 하게 되면 답변하는 사람은 잠시 고민을 합니다. 가장 인상 깊고 중요한 것을 물어보았기 때문에 어설픈 답변을 하고 싶지 않기 때문이지요. 이처럼 한 가지를 묻게 되면 상대방은 내게 '엑기스'를 뽑아서 전달해줄 가능성이 훨씬 더 높습니다. 게다가 핵심을 알게 되는 데 걸리는 시간도 줄일 수 있지요.

내가 관리하는 팀원과 프로젝트를 마치고 리뷰하는 미팅을 할 때도 마찬가지입니다. 만약 직원이 이 프로젝트 경험을 통해 성장하기를 바란다면 이렇게 물을 수 있겠지요. "이번 프로젝트를 하느라 수고 많았습니다. 만약 이번 프로젝트 전체 과정에서 김 대리님이 한 가지 배운 점이 있다면 그것은 무엇인지요?" 혹은 "만약 우리가 한 동일한 프로젝트를 다른 팀에서 하는데 김 대리님에게 조언을 구한다면, 그리고 김 대리님이 그들에게 한 가지만 조언할 수 있다면 무슨 말을 해주고 싶나요?"와 같이 질문할 수 있겠지요.

얼마 전 친구와 저녁을 함께 하게 되었습니다. 뒤늦게 알게 된 사실이지만 그 친구는 최근에 직장 내에서 어려운 일을 겪은 상태였습니다. 다행히 이제는 어느 정도 충격을 이겨내고, 새로운 시작을 모색하고 있었습니다. 술 한잔 함께 하면서 위로와 공감을 한 뒤, 그 자리에 모인 친구들은 이번 경험이 결국은 앞으로 도움이 될 것이라는 점에 동의했습니다. 저는 그 친구에게 물었습니다. "이번 경험에서 너만이 가져간, 앞으로 너만의 무기가 될 수도 있는 하나의 교훈이 있다면 무엇이니?"라고.

다양한 경험으로부터 얻게 된 한 가지를 묻는 질문은 위에서 살펴본 바와 같이 상사나 부하뿐 아니라 스스로에게도 물어볼 수 있습니다. 만약 언젠가 여러분이 자서전을 쓰거나 자신이 살아온 삶에 대해서 인터뷰를 한다고 가정해보지요. 여러분은 올해 혹은 지난 한 해의 경험 중에서 한 가지 가장 인상적이었던 경험 또는 그로부터 얻은 나만의 느낌이나 통찰에 대해 말한다면 무엇을 말하고 싶으신가요?

핵심 메시지를
아는 사람

사람마다 직업병이 있는데요. 저도 직업적으로 고객사 임원들과 만나 회의를 할 때 두 가지 부류로 바라봅니다. 한쪽은 핵심 메시지(key message)를 아는 사람, 또 한쪽은 핵심 메시지가 없거나 모르는 사람.

핵심 메시지를 디자인하는 것은 사실 한 가지에 대한 질문에서 출발해서 그에 대한 답변으로 끝납니다. 여러분이 발표를 한다고 했을 때, 준비과정에서 꼭 물어야 하는 질문이 바로 핵심 메시지 도출을 위한 다음과 같은 질문입니다.

- "만약 내 발표를 듣는 사람들이 발표 후 한 가지만을 기억할 수 있다면, 나는 그것이 무엇이기를 바라는가?"
- "만약 세 가지만을 기억한다면?"

이에 대한 답변을 고민해서 준비한 발표와 그러지 않은 발표는 크게 차이가 나기 마련입니다. 이러한 고민은 메시지 전달이 훨씬 명확한 발표를 할 수 있도록 도와주기 때문입니다.

발표뿐 아니라 보고서를 쓸 때, 고객과 중요한 회의를 하거나 전화 통화를 할 때, 한번 꼭 물어보세요. 내가 꼭 전달해야 할 한 가지 메시지가 있다면 그것은 무엇인지. 물론 내가 고객에게 물어야 할 한 가지 질문이 있다면 무엇인지에 대해 생각해보는 것도 좋습니다.

그나저나 이 책을 쓰면서 저는 이 질문을 스스로에게 물어보았느냐고요? 물론입니다. 앞서 저는 저자로서 이 책을 읽는 여러분께서 자신만의 '질문 상자'를 갖도록 돕는 것이 이 책의 중요한 목표라고 말씀드렸습니다. 그렇다면 이 책에서 제가 여러분에게 꼭 전달하고 싶은 한 가지 메시지가 있다면 그것은 무엇일까요? 저의 핵심메시지는 이렇습니다.

"살면서, 일하면서 좋은 질문들을 던지지 않는다면 우리는 삶에서, 커리어에서 너무나 좋은 정보와 통찰 그리고 기회들을 놓치게 된다."

우리 이런 기회들을 놓치지 말아요!

'왜'라는 질문에 대하여

만약 우리가 살아가는 동안 어떤 다른 질문도 할 수 없고 오
직 한 가지 질문만을 할 수 있다면 무엇을 선택해야 할까요?
그건 바로 '왜?'라는 질문일 것입니다. 왜 '왜?'라는 질문이 가
장 중요하냐고요? 질문이란 깊이 들어가보면 결국 어떤 현상
의 이유와 의미를 알고자 하는 것으로 이어지는데, 이를 묻는
질문이 바로 '왜?'이기 때문입니다. '왜?'라는 질문에 답하지
못한 상태로 '어떻게?'나 '무엇을?'이라는 질문에만 답하다 보

면 공허한 순간이 찾아오게 됩니다. "왜 나는 이 직장이나 직업을 선택했지?" "왜 나는 지금 이렇게 살아가고 있지?"에 대한 답변을 하려는 노력을 하지 않은 상태로 "어떻게 이 직장에서 승진할 수 있을까?" "당장 내일은 무슨 일을 할까?" 등의 질문에만 답하면서 살다 보면 언젠가 자신이 하고 있는 일이나 삶에 대한 의미를 못 찾고 방황할 수 있기 때문입니다. 너무 철학적인 질문이라고요? 글쎄요. 그럴까요? 한번 같이 살펴보지요.

무엇인가를 시작하거나 계획할 때, "이건 왜 할까?"

직장에서 어떤 프로젝트를 위한 제안서나 기획서, 혹은 보고서를 쓰셔야 하나요? 물론 과거에 선배나 동료들이 써놓은 유사한 서류를 참고하실 수도 있겠지요. 하지만 여러분이 그 성격이 무엇이 되었든 업무를 하실 때 가장 먼저 물어봐야 할 질문은 "이 프로젝트는 왜 하는가?"입니다. 이는 내게 업무를 지시하거나 부탁하는 사람에게, 그리고 나 자신과 실행하게 될 사람에게도 반드시 물어야 하는 질문입니다.

여러분, 그런 경험 하신 적 없나요? 상사가 지시하거나 고객이 의뢰해서 나름 열심히 일해서 가지고 갔는데, "이것은 내가 원한 것이 아니라고…" 하고 말할 때 말이지요. 그것처럼 직장에서 힘이 빠지는 일도 없지요. 이런 위험을 줄일 수 있는 좋은 방법이 바로 '왜?'에 대한 공감대를 처음부터 만드는 것입니다. 일을 지시하거나 의뢰한 사람이 생각하는 '왜?'를 제대로 이해하지 않고 일을 시작하게 될 때, 상대방과 나의 '왜?'에 대한 답변이 다르고 서로 이에 대해 논의를 하지 않은 상태에서 일을 시작했을 때, 그 프로젝트는 실패하거나 서로 다른 길을 걷게 될 가능성이 높습니다.

상대방이 직책이 높은 상사나 갑의 위치에 있는 고객인 경우 '왜?'라는 질문을 하는 것을 두려워하는 경우도 있습니다. 마치 도전하는 것 같아서 그렇게 생각하는 것이지요. 전혀 그렇지 않습니다. 항상 의도를 먼저 말하고 질문을 해보세요.

"부장님, 제가 이 프로젝트의 의도를 잘 이해해야 앞으로 기획이나 실행을 하는 데 도움이 될 것 같습니다. 이 프로젝트를 우리 회사가 왜 하는 것인지 설명해주실 수 있을까요?"

거꾸로 여러분이 상사나 고객의 입장에서 일을 시키거나 의뢰할 때는 "왜 이런 일을 하는 것인가?"에 대해 최대한 구체적으로 설명할 수 있어야 합니다.

부장님이 "그런 것 굳이 알 필요가 있나? 나도 몰라. 그냥 위에서 시켜서 하는 거야"라고 말할 거라고요? 그런 직장 환경이라면 어떤 질문도 소용이 없겠지요. 질문이 모든 것을 해결할 수는 없으니까요. 다만 이런 점을 생각해보시면 좋겠어요. 혹시 나는 질문은 실제로 하지 않으면서 지레 '질문해봐야 소용없을 거야'라는 생각을 하고 있는 것은 아닐지. 기본적으로 리더는 '왜?'에 대한 답을 주거나 함께 찾도록 도와주어야 할 의무가 있습니다.

무엇인가를 계획할 때 '왜?'에 대한 질문을 스스로 하는 것이 중요할 때가 있습니다. 자신만의 프로젝트를 시작할 때이지요. 때로 그것은 운동이 될 수도 있고, 새로운 것을 배우기 위해 동호회나 학원에 나가는 게 될 수도 있으며, 그동안 아껴서 모은 돈을 무엇인가를 위해 쓸 때도 그렇습니다.

제가 지금 쓰고 있는 책을 계획하는 단계에서도 그랬습니다. "왜 나는 질문과 관련된 책을 쓰고자 하는 것일까?" 이와 같은 질문을 짧게는 수개월에서 수년에 걸쳐 스스로에게 던지게 됩니다. 책을 쓰는 과정에서도 이런 질문이 찾아올 때가 있습니다. 때로는 책이 잘 써질 때 이런 질문을 던지기도 하고, 또 어떤 때는 책이 잘 안 써질 때 이런 질문을 던지기도 합니다. 이 질문에 대한 나름의 답은 책을 쓰는 방향에 커다란 영향을 끼칠 뿐 아니라 커다란 동기가 되기도 합니다. 그럼 왜 저는 질문과 관련된 이 책을 쓰는 것일까요? 20년 넘게 커뮤니케이션 컨설턴트와 코치 역할을 해오면서 듣기 능력이 소통에서 가장 중요하며, 이를 실천하는 도구는 훌륭한 질문들을 자유자재로 구사할 수 있는 능력이라는 결론에 도달했기 때문입니다. 그래서 좋은 질문이 무엇인지에 대해 독자 여러분께 알려드리고 싶었기 때문입니다. 그동안 사과와 거절에 대한 책을 썼지만, 질문에 대한 책이 제게는 가장 매력적인 주제이기도 했습니다.

여러분께서는 무엇을 계획하고 계시나요? 왜 그것을 하려고 하시나요? 왜?

문제를 제기할 때,
"왜 그런 표현을 써?"

제 아내는 앞서 말씀드린, 제가 출연하는 라디오 프로그램 책 소개 코너를 빼먹지 않고 듣고 나서는 제게 이런저런 피드백을 해줍니다. 대부분 칭찬 일색이지요. 하지만 아내가 그 코너를 듣고 한번은 제게 뜻하지 않은 질문을 던진 적이 있었는데요. 그 질문으로 인해 제게 벌어진 변화는 엄청났습니다. 제가 책을 소개하면서 '여류작가'라는 표현을 쓴 것이 시작점이었습니다.

아내는 제게 이렇게 묻더군요. "자기는 왜 여류작가라는 표현을 써?" 지금 생각해보면 창피한 일이지만, 저는 아내가 제게 그렇게 질문할 때만 해도 그게 왜 문제인지 알지 못했습니다. 그래서 저는 이렇게 답변을 했습니다. "왜? 여류작가라는 표현은 다들 쓰지 않나? 거기에 무슨 문제라도 있어?" 그다음 아내가 던진 질문을 들었을 때 제가 느낀 충격은 지금도 잊을 수가 없습니다. 아내는 제게 "자기는 남자 작가를 소개할 때 남류작가라는 표현을 써?"

아. 저는 그 순간에야 깨달았습니다. 저는 당시만 해도 나

름 커뮤니케이션 컨설턴트로서 성평등적인 생각과 행동을 하고 있다고 생각했는데, 사실은 여류작가라는 표현에 대한 지적을 했을 때 그 이유조차 모를 정도로 젠더 감수성이 그야말로 꽝이었던 것입니다. 《언어의 줄다리기》라는 훌륭한 책을 쓴 고려대 국문과 신지영 교수에 따르면 표준국어대사전에서 '남' 혹은 '여'라는 접두사가 붙은 3음절 단어 중 직업이나 역할을 뜻하는 단어 가운데 '남'이 붙은 것은 10개(남학생, 남동생, 남사당 등)밖에 안 되지만, '여'가 붙은 단어는 49개(여가수, 여고생, 여교사, 여학생, 여의사 등)나 된다고 하더군요.

암튼, 이 질문은 제가 '인생 질문'이라고 부를 만큼 엄청난 충격, 그것도 다른 것이 아닌 나 자신에 대한 충격을 가져다주었습니다. 그 사건이 있고 나서 저는 대학에서 페미니즘을 가르치는 친구에게 부탁을 하여 과외를 3년간 받기도 했습니다. 정기적으로 만나 페미니즘이라는 관점에서 사회를 바라보고, 또 저를 바라보는 시간을 가진 것이지요. 만약 그때 아내가 제게 문제를 지적하는 질문을 하지 않았다면, 저는 시대에 한참 뒤떨어진 인간이 되었을 뿐 아니라 밖에서 또 다른 실수를 계속하고 손가락질받으며 다녔을 것입니다. 그 질문이 제게는 평생 받아본 질문 중 가장 충격적이면서 도움이 된 질문이기도 합니다. 이제는 기업의 CEO나 임원에게 커뮤니케이션 코칭을 할 때도 젠더 감수성에 대한 지식은 제게 커다란 도움이 되고 있습니다. 실제 연설문이나 메시지 등에 대한 피드백을 요청받을 때가 있는데요. 이때 성평등적인 발언을 쓰고 있는지 유심히 보게 되었고, 이런 부분에 대한 제안을 해주었을 때 고객들은 놀라기도 하고, 고맙게 생각하기도 합니다.

주변의 누군가가 의도는 그렇지 않다는 것은 알겠지만, 여러분을 불편하게 하는 표현을 쓰고 있나요? 그렇다면 왜 그런 표현을 쓰는지 물어보는 것은 어떨까요? 남을 불편하게 할 의도가 없는 사람이라면 그런 질문을 듣고 자신의 말을 바꿀 가능성이 높을 것입니다.

상대방이 나를 불편하게 할 때
거절의 질문을 쓰는 방법

앞서 제 아내가 "여류작가라는 표현을 쓰지 마"라고 이야기하지 않고 "왜 여류작가라는 표현을 써?"라고 질문함으로써 제게 문제를 제기했는데요. 마찬가지로 여러분께서 생활하시다 보면 주변에서 무리한 요구를 하거나 불편하게 하는 행동을 해서 문제를 제기하고 싶을 때가 있는데, 이럴 땐 어떤 방법이 적절할까요?

예를 들어, 상대방이 말도 안 되는 불평을 계속할 때가 있습니다. 무엇이 마음에 안 드는지에 대해서는 많이 이야기하지만, 정작 자신이 무엇을 원하는지에 대해서는 알고 있는지 모르는지 도무지 이야기하지 않는 경우가 있지요. 이럴 때 여러분은 다음과 같이 물어보고 그에 따라 대응을 할 수 있습니다.

- "정확히 원하시는 것이 무엇인가요?"

또한 상대방이 무리한 요구나 부탁을 할 때도 질문의 형식으로 거절을 할 수 있습니다. 이럴 때, 먼저 다음과 같은 질문으로 시작하면 상대방은 대부분 그렇게 하라고 할 것입니다.

- "제가 솔직한 의견을 말씀드려도 될까요?"
- "제가 몇 가지 질문을 드려도 될까요?"

상대방이 거절하기 힘든 상대일수록 이처럼 승인을 받는 형식으로 기회를 잡은 후, 문제점을 지적할 수 있겠지요. 왜 그 부탁을 들어줄 수 없는지 이야기하거나 그 부탁은 못 들어주지만 다른 방식으로는 도와줄 수 있다는 양보의 제스처를 쓸 수도 있습니다. 불편한 상황이 오면 그냥 넘기지 마세요. 참고 있다가 하실 필요도 없고, 처음에 불편함을 느꼈을 때, 질문을 통해 문제를 제기하시는 것이 보통 더 낫습니다.

새로운 방향에서 바라보고자 할 때,
"왜 이렇지?"

하던 대로 일을 하는 데에는 그럴 만한 이유가 있습니다. 전임자가 하던 대로, 동료들이 하던 대로, 내가 지금까지 하던 대로 비슷한 패턴으로 일을 하는 것은 그만큼 입증된 방식이기 때문입니다. 경험상 그렇게 해도 큰 문제가 없기 때문이지요. 우리는 익숙한 것을 선호합니다. 그래서 직장에 새로운 사람이 들어오면, 익숙하지 않은 사람이 같은 부서에서 일하게 되면 처음에 살짝 긴장을 합니다. 어떤 사람인지 잘 모르기 때문이지요. 어떤 모임에서 모르는 사람들과 한 테이블에 앉는 것보다는 익숙한 사람들과 같이 앉을 때 마음이 편한 것도 그 때문이지요.

하지만 익숙함이 따분함으로 연결될 때도 있습니다. 매일 같은 시간에 회사에 도착하고, 비슷한 생각을 하는 동료들과 익숙한 주제로 늘 회의를 하며, 비슷한 프로젝트를 또 익숙한 방식으로 진행하는 일상 속에서 따분함이 느껴질 수 있죠.

더 거창한 이야기를 해본다면 이렇습니다. 세상은 빠르게 변화하고, 새로운 것이 계속 나타나며, 향후 어떻게 변할지 불확실하고, 우리는 애매모호한 상황에서 의사결정을 해야 합니다. 옥스퍼드 경영대학원의 시나리오 플래닝 팀은 이런 세상의 특징을 '격변(Turbulence), 불확실성(Uncertainty), 새로움(Novelty), 애매모호함(Ambiguity)'으로 정의하고 앞 글자를 따서 '튜나(TUNA)'라고 불렀습니다. 우리가 업무상 마주하는 환경도, 커리어를 쌓아가는 환경도 모두 '튜나'의 세상인 것이지요. 이런 세상을 생각하면 지금처럼 이렇게 익숙한 환경 속에서만 지내도 되나 싶을 때가 있습니다.

우리는 혁신이라는 거창한 단어를 자주 접하게 됩니다. 이 표어를 쓰지 않는 회사는 없는 것 같습니다. 혁신은 여러분 개인에게는 어떤 의미인가요? 여러분께서는 자신의 삶이나 업무에서 어떤 혁신을 만들고 싶은가요? 작지만 구체적인 변화를 시도하고 싶을 때 여러분이 쓸 수 있는 질문이 바로 "왜 이렇지?" "왜 이렇게 해야 하지?"입니다. 이런 질문은 익숙한 대상을 낯설게 바라보게 만들어주고, 그로부터 새로운 시도를 할 수 있는 계기를 열어줍니다. 예를 들어, 여러분이 늘 작성하는 보고서를 보며 이런 질문을 던져볼 수 있겠지요.

"왜 우리 회사의 보고서는 늘 이런 방식으로만 작성하는 걸까?"

제가 아는 한 팀장은 "왜 매주 월요일마다 주간회의가 필요한 것일까?"라는 생각을 했답니다. 마땅히 논의해야 할 주제가 매주 있는 것도 아니고 대부분의 정보 전달은 이메일로도 충분한데 말이지요. 상사가 주재하는 미팅에 안 들어갈 수는 없겠지만, 자신이 팀원들과 하는 미팅을 꼭 해야 하는 이유를 찾지 못하자, 그는 스스로 주간회의를 없앴습니다. 대신 정보는 이메일로 나누고, 필요한 대화는 수시로 나누는 것으로 충분했다고 합니다.

만약 여러분이 쓰는 보고서가 늘 개조식, 즉 앞에 번호 등을 붙여가면서 요점만 정리하여 나열하는 식이라면, 왜 꼭 그렇게 써야 하는지에 대해 질문을 던져볼 수 있겠지요. 시간을 줄여주는 효과도 있겠지만, 요약하다 보니 상황이나 맥락을 제대로 전달하지 못하는 단점도 있겠지요. 그렇다고 마냥 풀어서 쓸 수는 없을 것이고요. 저 역시 파워포인트 등을 사용해서 제안서나 보고서를 쓰다가 이런 질문을 스스로 던져본 적이 있습니다. 저 역시 개조식에 익숙했던 때가 있었거든요. 그런 질문을 던진 이후에는 지금까지 '컨설턴트의 노트'라는 형식을 자주 활용합니다. 프로젝트를 마치고 보고서를 쓸 때 뻔한 말들을 요약하여 나열하기보다는 프로젝트 중간 중간 제가 노트에 메모해놓았던 것을 펼쳐놓고, 하나의 일기나 편지 형식으로 보고서를 작성하는 것이지요. 보통 길이가 2-3페이지이기 때문에 길지 않고, 적절한 소제목을 달아서 사용하기 때문에 개조식의 장점 일부를 가져오기도 합니다.

조직 커뮤니케이션 컨설턴트로서 저는 종종 고객사의 조직 문화를 진단하는 프로젝트를 합니다. 결과가 좋은 경우도 있지만, 심각하게 안 좋은 경우도 있습니다. 이때 컨설턴트의 중요한 역할은 고객에게 이를 있는 그대로 전달하는 것입니다. 두 가지를 있는 그대로 전달해야 합니다. 하나는 데이터로 나온 결과, 즉 사실과 관련된 것이고요. 또 하나는 그 결과에 대한 컨설턴트의 해석이나 통찰입니다. 보통은 슬라이드를 펼쳐놓고, 고객 임원이나 때로는 전 직원을 앞에 두고 설명하게 됩니다.

몇 년 전 저는 "꼭 이렇게 발표해야 하나?"라는 질문을 스스로에게 하게 되었습니다. 이렇게 고객 앞에서 발표하는 것이 있는 그대로 발표하는 데 가장 좋은 방식일지를 고민하기 시작한 것이지요. 그때 떠오른 것이 고객에게 발표하기 전에 컨설턴트들끼리 모여서 분석하고, 최종 발표를 준비하는 미팅이었습니다. 그 미팅에서는 고객이 없기 때문에 더 날것의 토론이 오고 가게 됩니다. 저는 컨설턴트의 사전 미팅을 고객에게 보여주면 좋겠다는 생각을 하게 되었습니다. 정제된 프레젠테이션 대신 말이지요.

그래서 '고객사 뒷담화'라는 세션을 만들게 되었습니다. 고객이 그 자리에 있지만, 고객을 쳐다보지 않고 컨설턴트들끼리, 때로는 심지어 고객에게 등을 돌린 상태로 슬라이드를 보면서 저희끼리 그 자리에서 미팅을 하는 것이지요. 물론 사전 미팅을 완벽하게 재현할 수는 없지만, 그 자리에서는 결과를 놓고 고객에 대한 험담도 그대로 전했습니다. 결과는 성공적이었습니다. 고객은 좀 더 생생한 이야기를 들을 수 있어서 좋았다는 피드백을 주었고, 지금은 많은 세션에서 '고객사 뒷담화'라는 코너를 운영하고 있습니다.

한 가지 사례를 더 들어보지요. 수평적인 소통과 조직문화는 최근 많은 기업들이 추구하는 것입니다. 수직적인 소통으로는 혁신을 하는 것이 쉽지 않기 때문입니다. 그래서 직책을 단순화하거나 없애고 '님'으로 통일하기도 하지요. 저는 평소 '님'으로 부르는 것의 효과에 대해 의문이 있었습니다. 과연 사람들이 서로 '님'으로 부른다고 해서 수평적인 소통이 가능할까? 물론 일부 효과가 있는 곳도 있지만, 많은 경우 그렇지 않은 것을 목격했습니다. 일단 외부에서 고객 등과 소통을 할 때 직책이 없다는 것이 우리 사회에서는 혼돈을 초래해서 외부로는 직책을 사용하고 내부에서는 사용하지 않는 웃지 못할 풍경도 많이 벌어집니다.

저는 오히려 일부 신문사들이 오랫동안 지켜온 관행을 대안으로 생각해보기도 했습니다. 일부 신문사들은 직책은 유지하되 상사를 호칭할 때 '님'자를 떼고 부릅니다. 즉, 신참 기자도 자신의 상사를 '박 국장님'이라 부르는 것이 아니라 '박 국장'이라고 부르는 것이지요. 이는 외부에 나가서 취재를 할 때 높은 사람을 만나더라도 위축되지 말라는 뜻으로 지켜져 온 관행으로 알고 있습니다. 이에 대해 신문에 글을 써보기도 했지만 아직은 시기상조겠지요.

어쨌든 소설가 장강명 씨도 지적하듯[19] 저는 우리 사회에서 수평 소통을 저해하는 가장 큰 요소로 존댓말을 꼽습니다. 어린 시절 놀이터에서 만난 아이들과 "너 몇 살이니?" 하고 물은 뒤 위계를 잡기 시작하는 문화에서 자라온 우리는 나이가 나보다 많거나 적은 사람들과 수평적 사고를 하기가 쉽지 않지요.

2018년 가을 고려대학교에서 'PR 사례연구'라는 수업을 한 학기 동안 진행하게 되었을 때입니다. 수업계획서를 준비하면서 '왜 강사와 학생들이 반말로 수업을 하면 안 되지?' '강사와 학생들이 서로 반말로 수업을 진행하게 된다면 어떤 일이 벌어질까?'라는 질문을 던지게 되었습니다. 반말이 학생들의 참여를 이끌어낼지에 대한 실험을 하고 싶었던 것입니다. 그래서 수업안내서에 다음과 같은 문구를 적어 넣었습니다.

수업참여자와 강사는 어떻게 소통할 것인가?
- PR 사례 수업을 하나의 커뮤니케이션 실험실로 만들어보기

PR전문가는 향후 HR전문가와 더 많은 협업을 하게 될 것이다. 실제 PR부서와 HR부서가 하나의 부서로 합쳐지거나 협업하는 사례는 종종 발견되며 강사 역시 HR부서와의 협업 프로젝트를 많이 진행해오고 있다. 실무자로서 갖는 궁금증 및 도전 중의 하나는 한국 내에서 수평적 소통, 수평적 조직이란 얼마나 가능한가에 대한 점이다. 일부 국내 대기업들과 외국계 기업들은 직책을 없애고 서로 '님'으로 부르는 시도를 하고 있지만, 아직 그 결과는 신통치 않은 것으로 보인다.

본 수업에서는 한 학기 동안 수업참여자와 강사 사이에 한 가지 '실험'을 해보고자 한다. 즉, 강사와 수업참여자가 서로 높임말을 사용하지 않고 반말로 수업을 해보는 것이다(처음 만나는 1주 차에만 서로 존댓말을 사용한다). 학생들은 강사를 호칭할 때, "호"라고 호칭하면 된다. 반말을 한다고 수평적인 소통이 완벽히 이루어지진 않겠지만, 이러한 실험을 하는 것은 존댓말을 썼을 때와 그러지 않을 경우 우리 안에서 어떤 느낌이 드는지, 어떤 감정이 드는지를 관찰해보고, 이러한 경험으로부터 커뮤니케이션에 대해 어떤 통찰을 얻을 수 있는지 알아보기 위한 것이다.

디자인 싱킹(design thinking)을 바라보는 한 가지 핵심 관점은 상황(situation)을 변화시켜 인간의 행동과 태도의 변화를 이끌어내는 것이다. 이러한 실험은 커뮤니케이션 관점에서 디자인 싱킹의 실험이기도 하다. 강사 역시 처음에는 익숙하지 않고, 당황하거나 실수할 수 있다. 서로가 배려하면서 이 실험을 즐길 수 있도록 해보자.

처음에 학생들은 무척 어색해했습니다. 하지만 시간이 지나감에 따라 어색함도 조금씩 사라졌습니다. 이 실험은 성공적이었을까요? 꼭 그렇지는 않습니다. 반말로 강사에게 말을 하는 것을 두려워하는 학생들도 있었으며, 반말이 좀 더 토론을 활발하게 하는 데 기여한 부분도 있지만, 반말보다는 토론을 이끌어내기 위한 다른 다양한 방법이 좀 더 수평적인 토론을 가능하게 했다는 의견도 있었기 때문입니다. 성공 여부를 떠나 이것은 학생들이나 제게 의미 있는 실험이었습니다. 존댓말에 익숙해져 의식하지 못한 채 독립적인 사고를 하지 못할 수 있으며, 의견이 있더라도 자기 목소리를 찾지 못하는 경우가 있다는 점을 발견할 수 있었고, 그것에 대해 토론할 수 있었기 때문입니다.

이처럼 익숙하게 반복하는 활동일수록 "꼭 이렇게 해야 하나?" "이 활동의 목적을 가장 잘 달성할 수 있는 방법이 이것뿐인가?" 하는 질문을 던져보세요. 작은 변화가 의외의 커다란 결과로 연결될 수도 있습니다.

"왜"로 이어지는 질문의 마법

"왜?"라는 질문은 앞서 살펴본 한 가지에 대한 질문과 밀접하게 연관됩니다. 예를 들어 "왜 이 발표를 하는가?"라는 질문에 답한 뒤에는 그중에서 가장 중요한 한 가지가 무엇인지를 생각해봐야 하고, 그것이 핵심 메시지와 연결되기 때문입니다. 이 말은 여러분이 다음과 같은 질문을 연속해서(후속질문) 던질 수 있다는 뜻입니다.

- 왜 그것을 하시려고 하나요?
- 그중에서 가장 중요한 것 한 가지는 무엇인가요?
- 그 한 가지를 메시지로 정리한다면 무엇일까요?

PART 4

질문할 때 생각해봐야 할
몇 가지 의미

지금까지 우리는 왜 질문이 먹고사는 데 도움이 되는지, 질문을 만들 때 생각해봐야 할 점이 무엇인지, 그리고 나만의 질문 사전에 꼭 들어가면 좋을 질문들은 무엇인지 살펴보았습니다. 이제 내가 있는 환경에서 언제 어떤 질문을 던질 수 있을지 조금 감이 잡히셨을 거라 생각합니다. 만약 내일이나 다음 주 등 곧 있을 여러분만의 어떤 순간, 예를 들어 회의나 면담, 면접, 데이트, 만남 등에서 여러분이 던질 수 있는 구체적 질문 한 가지를 명확하게 아셨다면 저는 그것만으로도 충분히 좋은 출발이라고 생각합니다. 한번 써보시고, 또 대화 속에서 후속 질문으로 이어나가시다 보면 질문하는 힘을 키워갈 수 있을 겁니다. 이제 마지막으로 질문과 관련하여 제가 평소 고민해왔던 부분에 대해 여러분에게 말씀드릴까 합니다. 질문에서 우리가 생각해봐야 할 의미에 대한 것입니다. 먼저 질문과 조직문화에 대한 이야기로 시작하겠습니다.

질문하는 것이
두렵지 않은 환경

여러분이 속해 있는 조직의 문화는 어떻습니까? 여기에서 조
직은 동호회일 수도 있고, 여러분이 속한 어떤 팀일 수도 있으
며, 크게 보면 회사일 수도 있습니다. 아, 가정이나 연인 관계
도 여기에 들어갈 수 있겠네요. 내가 살아가면서 혹은 일하면
서 나를 포함 두 사람 이상으로 이루어진 관계 집단이라고 생
각해보지요. 그 안의 문화에 대해 잠시 생각해봤으면 합니다.

　문화가 무엇이냐고요? 좋은 질문입니다. 저는 문화에 대한

정의를 할 때 두 가지를 참고하는 편입니다. 하나는 인류학자로서 '문화 간 소통(intercultural-communication)'이라는 분야를 개척한 에드워드 홀(Edward T. Hall)이 말한 "커뮤니케이션이 문화다. 문화가 커뮤니케이션이다"라는 문구입니다. 이를 조직문화에 대입해보면 우리가 속한 집단에서 서로가 어떻게 소통하고 있는지에 따라 그 조직의 문화가 드러난다는 뜻이 됩니다. 그렇기 때문에 제가 때로는 고객사의 회의를 관찰하는 것입니다. 바로 조직문화를 아는 데 좋은 참고가 되기 때문이지요.

두 번째로 참고하는 것은 1971년에 창립되어 전 세계적으로 가장 많이 사용되는 조직문화 진단 도구를 개발한 회사 휴먼 시너지스틱(Human Synergistics International)의 정의입니다. 이들의 문화에 대한 정의에서 눈에 띄는 것은 '암묵적인'이라는 단어입니다. 네, 여러 회사들이 홈페이지에 '신뢰' 혹은 '화합' 등과 같이 온갖 좋은 말로 소개하는 문화가 아니라 어디에도 적혀 있지 않지만, 그 안에 사는 사람들은 암묵적으로 인정하는 문화가 있습니다. 그것은 이를 테면 신입 직원이 입사하여 조직에서 지내보니, '이 조직 내에서 살아가기 위해서는 눈에 보이지 않는 이런 기대치가 있구나' 하고 알게 되는 것과 관련이 있습니다. 적혀 있지는 않지만 선배나 동료들이 "이 조직에서 살아남으려면 이렇게 행동해야 해"라고 표현하는 암묵적인 기대치가 바로 진짜 그 조직의 문화입니다. 이런 문화는 전반적으로 조직의 효과성에 도움을 줄 때도 있지만 반대로 방해가 되기도 합니다. 홈페이지에 적혀 있는 조직문화는 항상 바람직한 단어로 나열되어 있지만, 실제 조직문화는 항상 바람직한 것은 아니어서요. 조직문화의 아버지로 불리는 에드거 샤인 교수는 이런 이유로 "조직 내에서 우리 행동의 90%는 문화적 규칙에 의해 이루어진다"라고 말했습니다.

조직문화를 제대로 진단하려면 엄청난 돈을 들여 긴 설문을 작성하기도 하고, 개인별 혹은 집단 인터뷰를 하기도 합니다. 하지만 이런 컨설팅을 하면서 그런 생각을 하게 됩니다. 조직문화가 좋은 곳과 그렇지 않은 곳의 가장 중요한 차이는 무엇일까? 에드워드 홀의 논리를 이용한다면 소통문화가 좋은 곳과 그렇지 않은 곳의 가장 핵심적 차이는 무엇일까 질문을 던지고 생각해보게 됩니다.

현재 조직이나 소통문화의 핵심에 대해 제가 갖고 있는 핵심 질문은 "질문을 던지는 것이 안전하다고 느끼는 문화인가?"라는 것입니다. 한번 같이 생각해보지요. 여러분은 회의에 참여할 때, 친구나 연인 혹은 배우자와 대화할 때, 질문하는 것에 대해 안전하다고 느끼시나요? 아니면 때로는 질문을 해야 할지 말아야 할지 속으로 고민하시나요? 질문을 던지는 것에 대해 안전하다고 느낀다는 것은 다른 말로 하면 궁금한 것을 묻는 것은 물론이고, 문제라고 생각하는 것에 대해 이의를 제기하는 것이 안전하다고 느낀다는 뜻입니다. 더 나아가 다른 생각과 의견을 제시하는 것이 안전하다고 느끼는 것과 밀접하게 연관됩니다. 질문하는 것이 안전하다고 느끼지 못하는 조직문화에서는 다른 의견과 아이디어를 제시하는 것도 안전하다고 느끼지 못하기 때문이지요.

이 질문은 다음과 같은 측면에서도 생각해봐야 합니다. 여러분이 '갑'의 입장에 설 때, 즉 회의를 주재하거나 그 자리에서 가장 높은 직위에 있을 때, 여러분은 참여자들이 질문을 하는 것에 대해 안전하다고 느끼도록 만들기 위해 신경을 쓰나요?

우리는 이 책에서 질문을 제대로 하는 방법에 대해서 이야기해왔습니다. 그런데 내가 속한 조직의 문화가 질문을 하기에 안전하지 못한 문화라면 이로 인해 도전에 직면하게 될 수 있습니다. 하지만 여기에서 여러분이 그리고 저 자신도 꼭 생각해봤으면 하는 질문이 한 가지 더 있습니다. "혹시 나는 주변 사람들이 회의 등에서 질문을 잘하지 않는다는 것을, 나도 질문을 하지 않는 이유로 정당화시키고 있지는 않나?" "주변 사람들이 질문을 잘 하지 않는다는 이유로 '우리 조직은 질문하기 위험한 문화야'라고 쉽게 단정하고, 나도 질문하지 않는 것이 당연하다고 생각하고 있지는 않나?"라는 점입니다.

질문을 잘해보자는 것은 어쩌면 우리나라 대다수 사람들의 전통적인 문화와는 조금 다른 것을 시도해보는 것이기도 합니다. 통상 우리나라에서는 회의나 수업시간에도 질문을 하지 않는 것이 일반적이니까요. 제가 몇 달 전에 싱가포르에 있는 한 대학의 초청으로 특강을 한 적이 있었습니다. 대학교 학부생들이었는데 한국 대학에서도 강의를 해본 저로서는 큰 차이를 발견하고 놀랐습니다. 한 시간 남짓한 강연이 끝나고 나서 학생들로부터 무려 30개 가까운 질문을 받은 것입니다. '이 사람들은 정말 궁금한 것이 많고, 질문하는 것을 두려워하기는커녕, 자신들의 정당한 권리로 생각하고 있구나' 하고 느꼈습니다. 그리고 수업이 끝나고 나서 담당 교수에게 매우 인상적이었다고 말한 적이 있습니다.

저는 그것이 개인적인 관계이든, 업무적인 관계이든 "서로 질문을 하거나 이에 대해 서로 다른 의견을 나누는 것이 안전하다고 느껴지는가 아니면 위협으로 느껴지는가?"라는 질문이 건강한 관계의 중요한 척도라고 봅니다. 여러분은 어떤 상황에서 누구에게 질문하는 것이 안전하다고 느끼시나요?

질문에서의
'우리'와 '나(당신)'라는 주어

질문을 할 때 '우리'라는 주어를 사용하는 것에 대해서 생각
해보고자 합니다. 이는 특히 조직에서 변화를 추구할 때 중요
하게 생각되는 지점인데요. 제가 이에 대해 생각하게 된 것은
2014년 보스턴에서 활동하는 조직 개발 전문가인 배리 오슈
리(Barry Oshry)의 조직 워크숍에 참여하면서부터입니다. 정확
히 말하면 '우리'라는 주어의 위험성에 대해서 생각해보게 된
것이지요. 어느 조직에서나 많은 사람들이 "우리 조직은 변화

해야 해"라는 말을 합니다. 하지만 막상 들여다보면, 그렇게 조직의 변화 필요성에 대해 말하는 사람은 많지만 정작 변화는 이루어지지 않는 경우가 대부분입니다. 그 이유가 무엇인지를 저는 배리 오슈리와의 만남에서 알게 되었습니다.

바로 많은 사람이 '우리'라는 말 뒤에 숨어 있기 때문입니다. 즉, 조직 내에서 "우리는 변화가 필요해"라고 말하는 사람은 많지만, 이들이 말할 때 '우리' 속에 정작 자신은 포함시키지 않기 때문입니다. 대다수의 사람들이 실은 "나 빼고 다른 사람들이 변화해야 해"라고 말하고 있으니, 그 조직에 변화가 생길 일은 없겠지요.

이후로 저는 질문을 던질 때 '우리가'라는 말과 '내가'라는 말을 주의해서 구분합니다. 이를 테면 조직문화를 놓고 토론을 할 때, "우리가 변화해야 할 것은 무엇인가?"라는 질문은 중요하지만, 그 질문에 대한 논의만으로 끝나면 정작 변화는 생기지 않을 가능성이 높습니다. 그러한 질문 뒤에 우리는 중요한 후속 질문을 던져야 합니다. 바로 "내가 바꾸려는 것은 무엇인가?"라는 질문입니다. 만약 이 질문에 대해 사람들이 답하기를 주저한다면, 그 조직의 변화에 대해서는 희망을 갖기 힘들겠지요.

해야 하는 것이 아닌
하고 싶은 것

이번에는 '해야 하는' 것이 아닌 '하고 싶은' 것에 대해서입니다. "우리가 해야 할 것은 무엇인가?" "내가 해야 할 것은 무엇인가?"라는 질문과 "우리가 하고 싶은 것은 무엇인가?" "내가 하고 싶은 것은 무엇인가?"라는 질문을 명확하게 구분하는 것이 중요하다고 생각하기 때문입니다. '해야 하는'을 질문에 넣을 때 우리는 필요한 것에 대해 묻는 것입니다. 이는 의무감과 연결이 됩니다. 예를 들어 공장에서 안전을 지키기 위해 해야

251

하는 일을 묻는 것은 필수적이며, 이에 따라 우리는 수칙을 반드시 지켜야 합니다. 사람의 안전이나 환경 보호, 법과 윤리에 관련된 분야에서 우리는 '해야 하는'을 넣어서 질문을 던지고, 답을 해야 하며, 그 답을 실행으로 옮겨야 합니다.

하지만 법과 윤리와 같은 범위를 넘어서는 분야에 대해서도 많은 논의를 하고 질문을 던지게 됩니다. 예를 들어, 건강을 지키기 위해 운동을 하는 것과 식사 조절을 하는 것, 조직 문화를 개선하기 위해 바람직한 리더십 행동을 보이는 것, 도서관에서 책을 읽고, 극장에서 영화나 연극을 보고, 음악연주회나 전시회를 찾아가며 문화적 경험을 하는 것, 좀 더 나은 소통을 위해 과거의 나보다 더 좋은 질문을 던져보려고 노력하는 것 등은 모두 개인의 선택과 관련이 있습니다. 어떤 사람이 남에게 피해를 주지 않는 한 우리는 그 사람에게 이러한 행동을 강요하기 힘듭니다.

앞서 말씀드린 것처럼 사람은 변화를 싫어하지 않습니다. 많은 사람들이 좀 더 건강해지고 싶어 하고, 좋은 리더가 되고 싶어 하며, 문화를 즐기고 싶어 하고, 더 나은 소통자가 되기를 원합니다. 하지만 누군가가 이런 영역에서 나에게 변화를 강요할 때 사람들은 저항하는 심리가 있습니다. 그렇기 때문에 저는 누군가에게 이런 변화를 강요하는 것이 오히려 그 사람이 변화할 기회를 빼앗는 경우가 많다고 생각합니다.

사람의 행동 변화와 리더십의 관계에 대해 오랫동안 연구해온 리더십 코치 마셜 골드스미스 박사는 그렇기 때문에 변화하기 싫어하는 사람을 변화시키려고 노력하지 말라고 조언하며, 저는 거기에 동감합니다. 가족이든, 친구이든, 동료이든 변화를 강요해서 성공한 사례를 저는 잘 알지 못합니다.

변화를 강요하기보다는 오히려 상대방에게 "변화하고 싶을 때 내 도움이 필요하면 알려줘"라고 말하는 것이 더 낫다고 생각합니다. 억지로 변화시키기보다는 언제든 도와줄 준비는 되어 있다는 점을 알려주는 것이 더 좋다는 뜻입니다. 억지로 변화시켜서 변화가 일어날 리도 만무하고, 오히려 두 사람 사이의 관계만 악화되는 것을 저는 여러 차례 목격하고 또 직접 경험했습니다.

그래서 변화해야 한다고 생각하는 것이 무엇인지를 묻고 나면 꼭 후속 질문으로 그중에서 본인이 변화하고 싶은 것은 무엇인지를 물어보는 것이 좋습니다. 결국에는 변화해야 하

는 영역이 아닌 본인이 변화하고 싶은 영역에서 진짜 변화가
일어날 가능성이 높기 때문입니다.

똑같은 질문을
계속하는 것에 대하여

첫 번째 이야기. 이 책을 거의 마무리해갈 때쯤 저는 건강검진을 받았습니다. 떨리는 마음으로 검진 결과를 들으러 병원에 갔더니 몇 가지 수치를 말하면서 현재는 괜찮지만 내년에는 위험할 수도 있다고 의사가 겁을 잔뜩 주었습니다. 그래서 어떻게 하면 되겠는지 의사에게 물었더니 약을 먹을 필요는 없지만 무조건 살을 빼라고 하더군요. 그것도 거의 최소 6킬로그램에서 10킬로그램까지 빼라는 것이었습니다.

아… 저로 말할 것 같으면 먹는 것을 너무나 좋아해서 아내와 함께 먹고 마시는 것을 주제로 한 블로그를 6년째 꾸준히 운영하고 있는 사람입니다. 저녁이면 얼음을 가득 채운 잔에 위스키를 따라 한 잔 마시는 것이 제게는 삶의 작은 기쁨이기도 합니다. 음식은 튀김을 가장 좋아하고요. 빵 종류도 엄청 좋아합니다. 당연한 답이 나올 것을 알면서도 저는 "선생님, 살은 어떻게 빼야 하지요?"라고 물었습니다. 당연히 많이 움직이고 적게 먹어야 한다는 것을 알면서도 말이지요. 의사의 처방은 잔혹하기까지 했습니다. 밀가루가 들어가는 빵 종류는 무조건 줄이고, 밥도 반 공기로 줄이고… 등등 탄수화물의 비중을 절반으로 줄이고, 채소나 두부로 배를 채우라는 것이었습니다. 과일도 당분 때문에 많이 먹는 것이 제게는 좋지 않다고 하더군요. 슬프기까지 했습니다.

하지만 어쩌겠습니까? 이렇게 하지 않으면 내년에는 병원에 더 자주 다녀야 할지도 모른다는 말에 방법을 찾았습니다. 그리고 지난 5개월 동안 5킬로그램 정도를 감량하는 데 성공했습니다. 물론 앞으로 얼마나 지속될 수 있을지는 모르겠지만, 제 평생 이렇게 천천히 그리고 꾸준히 살을 뺀 것은 처음이었습니다. 그 비법은 놀랍게도 질문과 연관이 있습니다.

마침 제 고등학교 때의 짝도 저처럼 살을 빼야 하는 처지에 있었습니다. 둘이서 6개월 전에 약속을 했습니다. 매일 두 가지 질문에 대한 답을 카톡으로 세 번씩 공유하기로요. 두 가지 질문이란 "나는 오늘 몇 걸음을 걸었나?"와 "나는 오늘 식사 및 간식으로 무엇을 먹었나?"입니다. 저희가 반년 동안 해온 것은 그저 이 두 가지 질문에 대한 답을 서로 공유하는 것뿐이었습니다. 누가 더 많이 먹었다고 비난하지도 않고, 그저 하루에 세 번씩 먹은 것과 걸음 수를 나누는 것뿐이었습니다.

두 번째 이야기. 제가 한 고객사의 임원진 10명을 대상으로 팀 코칭을 1년간 했던 경험입니다. 제가 코칭을 처음 시작했을 때만 해도 고객사의 내부 설문 조사에서 임원진의 소통에 대한 직원들의 불만이 매우 높았습니다. 그 고객사가 팀 코칭을 시작한 이유이기도 했습니다. 첫 두 달 동안 임원진과 함께 모여 소통을 어떻게 개선할지에 대한 다양한 논의를 했습니다. 그러고는 공통의 소통 개선 목표('우리가' 노력하고자 하는 것)와 함께 이와 관련해 10명의 임원 각자가 '내가' 개선하고 '싶은' 소통 개선 목표를 정했습니다.

그 이후에 제가 한 일은 어찌 보면 별것이 없습니다. 매달

90분씩 CEO를 포함 10명의 임원진과 모여서 사업적인 이야기는 철저히 배제한 채, 조직문화, 그중에서도 임원진 사이의, 그리고 직원들과의 소통을 어떻게 개선할 것인지에 대해서만 똑같은 질문을 던졌고, 이러한 질문을 놓고 서로 대화를 나누었습니다. 임원진끼리는 두 사람씩 짝을 지어 자신이 약속한 개선 목표를 놓고 서로에게 질문을 던져 피드백과 피드포워드를 구했습니다.

1년이 되었을 때 전 직원 대상 조사에서 결과가 어땠을까요? 긍정적인 평가가 1년 전에 비해 무려 두 배 가까이 높은 숫자로 나왔습니다. 비결은 매달 90분씩 똑같은 질문을 놓고 토론을 한 것, 바로 그것이었습니다.

세 번째 이야기. 제 고객사의 CEO로부터 들은 이야기입니다. 이 회사 역시 조직문화가 악화되었던 때가 있었습니다. 하지만 몇 년 만에 조직문화를 상당히 개선했고, 내·외부 평판도 좋아졌습니다. 이들이 어떻게 개선했을까요? 이 고객사는 외부 전문가의 도움을 받지도 않았습니다. 이들은 임원진이 스스로 10가지의 지켜야 할 항목들을 정했습니다. 그리고 나서 매달 임원회의 때마다 돌아가며 10가지 항목 중 자신이 시도해보고 잘 지켰던 것과 그러지 못했던 것에 대해 성찰을 하고 서로의 느낌을 나누었습니다.

제가 지금까지 말씀드린 세 가지 이야기에는 공통점이 하나 있습니다. 무엇일까요? 네, 똑같은 질문을 장기간 동안 매일 혹은 매달 정기적으로 던졌다는 것입니다. 저는 이 책을 통해 여러분께서 다양한 질문을 써보실 수 있도록 여러 질문의 상자를 열어서 상세하게 보여드렸습니다. 우리는 다양한 상황에서 상대방에 따라 다양한 질문을 던질 수가 있습니다. 동시에 우리는 정말 나만의 질문을 한 가지씩 가질 필요가 있습니다. 나만의 질문이란 내가 자기 자신에게 계속해서 오랜 기간 동안 던지는 질문을 말합니다. 같은 질문을 계속해서 던진다는 것은 그만큼 그쪽으로 우리의 에너지를 쏟는다는 것을 말하며, 이는 결국 우리 삶에 의미 있는 변화를 가져오게 됩니다.

예를 들어, 제가 10년 전부터 계속해서 저 자신에게 던져온 질문 중에는 "어떻게 하면 시간 부자가 될 수 있는가?"란 것이 있습니다. 이 질문은 제게 매우 중요한 질문인데요. 시간 부자란 단순히 남아도는 시간이 많은 상태를 의미하지 않습니다. 제가 생각하는 시간 부자란 자신의 시간을 자신이 통제

할 수 있는 힘이 많으며, 그 시간을 자신이 원하는 곳에 쓸 수 있는 사람을 말합니다. 이 질문은 제 삶에 커다란 영향을 끼칩니다. 사업적인 결정을 할 때도 그렇고, 시간을 어떻게 사용할지에 대해 매우 중요한 가이드 역할을 합니다. 제가 사업을 하면서도 집필하고 싶은 분야의 책을 계속 쓰고 번역할 수 있는 것은 결국 이러한 질문을 통해 시간을 나름대로 통제해왔기 때문입니다.

여러분만의 질문은 무엇인가요? 삶을 살아가면서 계속해서 자기 자신에게 묻고 답하고 싶은 질문이 있나요? 리더십 코치 마셜 골드스미스는 다음의 6가지 질문을 매일 저녁 스스로 반복하여 묻고 답할 것을 권합니다.

첫째, 나는 명확한 목표설정을 하려고 최선을 다했는가?

둘째, 오늘 나는 그 목표를 향해 진전하기 위해 최선의 노력을 다했는가?

셋째, 오늘 나는 의미를 찾기 위해 최선의 노력을 다했는가?

넷째, 오늘 나는 행복해지기 위해 최선을 다했는가?

다섯째, 오늘 나는 긍정적 관계를 만들기 위해 최선을 다했는가?

여섯째, 오늘 나는 적극적으로 참여하기 위해 최선을 다했는가?

눈치채셨겠지만, 이 질문들은 모두 "나는 … 최선을 다했는가?"라는 구조로 되어 있습니다. 이 질문들의 구조를 골드스미스는 매우 중요하게 생각하는데요. 이를 '능동적 질문(active question)'이라고 부릅니다. '수동적 질문'은 예를 들면 "회사는 내게 명확한 목표를 설정해주었는가?" "주변 사람들은 내게 의미를 찾도록 도움을 주었는가?"와 같은 것입니다. 능동적 질문은 스스로 변화를 만들어낼 수 있도록 자극한다는 것이지요. 그는 이 질문을 매일 받고 답하고 싶어 하는 2,537명의 사람들에게 매일 질문을 보냈고, 변화할 수 있도록 도왔습니다.[20]

결과는 어땠을까요? 89%의 참가자들이 여섯 가지 분야 중 적어도 한 가지에서 개선을 만들어냈다고 말한 반면 11%만이 아무런 개선이나 변화가 없었다고 답했습니다. 놀랍게도 65%는 최소 네 가지 분야에서 개선이 있었다고 말했습니다. 여섯 가지 질문을 매일 던지고, 답하는 데 시간이 얼마나 들었을까요? 제 경험으로 놓고 보면 2분 정도밖에 되지 않습니다. 해볼 만한 실험이 아닐까요?

독자 여러분께서도 이 책을 읽으시면서 자기만의 질문을 찾는다면, 그리고 그 질문을 반복해서 스스로 묻고 자신의 삶이 좀 더 만족스러워지고 개선되는 경험을 한다면 책을 쓰는 저로서는 엄청나게 보람될 것입니다.

질문의 주인이 되길 권합니다

최근 글로벌 조사 기관 갤럽은 "밀레니얼은 어떻게 일하고 살아가길 원하는가?(How Millennials Want to Work and Live?)"라는 흥미로운 리포트를 냈습니다. 이 리포트에서는 밀레니얼의 변화를 여섯 가지로 압축합니다. 이들은 연봉보다는 일에서 의미를 찾으려 하고, 직장에 대한 만족도보다는 목적과 자기 계발을 중요하게 생각합니다. 이들은 단순한 상사보다는 자신들을 이해하고 이끌어줄 코치를 원하고, 연말 인사평가보다는 지속적으로 피드백을 주고받을 수 있는 대화를 원합니다. 이들은 약점을 개선하는 것보다는 강점을 어떻게 극대

263

화시킬 수 있을지에 대해 더 신경을 쓰며, 단순한 일자리가 아닌 자신이 기여할 수 있고 그 가치를 인정받을 수 있는 삶을 원합니다.

이런 밀레니얼의 변화를 보고 "우리 때는 안 그랬다"거나 이들의 변화에 대해 무엇이 잘못인지를 따진다는 것은 큰 의미가 없습니다. 어느 세대와 마찬가지로 밀레니얼이 살아가고 일하는 방식은 새로운 흐름이고 현실이기 때문입니다. 갤럽에서는 이러한 변화에 발맞추어 조직문화를 변화시켜나갈 것을 권하고 있습니다.

저는 여섯 가지 흐름을 보면서 밀레니얼의 변화를 한마디로 이렇게 요약할 수 있었습니다. "이들은 앞선 세대들이 당연하게 받아들였던 것에 대해 좀 더 적극적으로 질문하는 세대구나!"라고 말이지요.

첫째, 이들은 직장에서 일하고 연봉을 받는 것에서 만족하지 않고 "이 일이 내게 의미하는 바가 무엇일까?"에 대해 질문하는 세대입니다. 이 질문에 대해 스스로도 답을 찾아야 하지만, 회사나 선배들이 이에 대한 답을 해줄 수 없다면 밀레니얼과 함께 일하는 데 있어 어려움을 겪게 될 것입니다.

둘째, 이들은 "내 커리어의 목표는 무엇이고 나는 성장하고 있는가?"라는 질문을 던지는 세대입니다. 이는 세 번째와 네 번째의 변화, 즉 "나의 상사는 보스인가 코치인가?"와 "나는 상사와 자주 피드백을 나누고 지속적으로 대화를 나눌 수 있는가?"라는 질문으로도 이어집니다. 이들은 커리어의 목표와 성장을 함께 도모할 수 있으며, 피드백과 피드포워드를 나눌 수 있는 코치형 상사와 대화를 나누기를 원하기 때문입니다.

다섯째, 약점이 아니라 강점에 더 중점을 둔다는 것과 관련해서는 우리가 이 책에서 다룬 긍정탐구(Appreciative Inquiry)와 밀접한 관련이 있습니다. 밀레니얼과 좋은 성과를 내고 팀워크를 내고 싶은 상사라면 긍정질문을 제대로 던질 수 있어야 합니다.

마지막으로 밀레니얼은 "내가 일하는 조직은 나의 강점과 기여에 대해 가치를 두는 곳인가?"라는 질문을 던지는 세대입니다. 이것 역시 긍정탐구나 긍정질문과 밀접하게 연관됩니다. 새로운 리더는 이들이 어떤 환경에서 가장 자신의 장점을 발휘할 수 있으며, 신나게 일할 수 있는지를 함께 찾아내는 탐구자가 되어야 합니다.

책을 마치며 갤럽의 보고서를 인용한 것은 세상의 변화는 나이가 많거나 직책이 높은 사람에게 질문하는 것을 마치 도전으로 여기고 침묵으로 버티던 세대, '위에서' 시키는 것을 당연시하며 시키는 대로 실행하던 세대에서 이제 점차 질문하는 세대로 변하고 있다는 점을 알려드리기 위해서입니다. 촛불 혁명은 "이게 나라냐?"라는 질문을 비폭력적으로 성숙하게 던졌고, 결국 우리나라의 운명을 바꾸었습니다. "여성은 과연 침묵해야 하는가?"라는 질문은 미투(MeToo) 혁명으로 이어졌습니다. "행사로 숙박시설이 모자랄 때 일반 가정집의 빈 공간을 빌려서 돈을 벌 수 있는 기회는 없을까?"라는 질문은 혁신의 아이콘인 에어비앤비 사업으로 이어졌습니다. "한국에서 택시 이용객들이 불편해하는 것은 무엇일까?"라는 질문에서 타다는 운전자가 손님에게 먼저 말을 걸지 않는 정책을 도입했고 많은 호응을 얻고 있습니다.

세상의 모든 변화와 혁신은 질문에서 출발합니다. 이제 우리는 웬만한 문제의 답은 인터넷에 있거나 인공지능이 해결해주는 세상에 살고 있습니다. '답변의 주인(owner of answers)'보다는 '질문의 주인(owner of questions)'이 세상의 주역으로 나서는 시대가 다가오고 있습니다.

동시에 우리는 점차 외로움을 느끼며, 진정한 대화를 필요로 하는 세상에 살고 있습니다. 누군가의 말에 온전히 귀를 기울이고, 또 누군가가 내 말을 집중해서 들어주는 경험이 점차 더 필요한 시대로 가고 있습니다. 앞선 시대에는 나이 많고 직책 높은 사람은 그저 하고 싶은 말을 했고, 나이 어리고 직책이 낮은 사람은 수첩을 펴고 듣는 척을 하며 귀중한 시간을 보내야 했습니다. 앞으로 이런 상사들은 밀레니얼 세대를 이끌 수도 없고, 점차 설 자리가 줄어들 것입니다.

저는 꽤 '가리는' 편입니다. 저는 모든 질문이 좋은 질문이라고 생각하지는 않습니다. 질문 중에서도 좋은 질문이 있습니다. 소설가들이 좋은 문장을 찾기 위해 노력하듯 컨설턴트와 코치, 퍼실리테이터로서 제가 보낸 20여 년은 좋은 질문을 찾기 위한 여정이기도 했습니다. 좋은 질문을 통해 독자 여러분께서 내 마음의 소리와 다른 사람의 마음의 소리를 더 잘 듣고, 여러분이 원하는 삶을 살기 위해 질문을 좀 더 적극적으로 활용할 수 있도록 이 책이 도움이 되길 진심으로 바랍니다.

1. "It doesn't hurt to ask: Question-asking increases liking"(Karen Huang, Michael Yeomans, Alison Wood Brooks, Julia Minson, and Francesca Gino, 〈Journal of Personality and Social Psychology〉 Vol. 113, No. 3, 2017, pp. 430-452)

2. 이 사례는《설득의 심리학》저자 로버트 치알디니와 2008년 일주일간 함께 보내며 트레이너 양성과정을 이수할 때 들었던 내용이다.

3. "Pre-suasion: How to influence people to give you a job, according to a psychologist"(Kashmira Gander, 〈Independent〉, 2017.1.24)

4. "Using neuroscience to make feedback work and feel better"(David Rock, Beth Jones, and Chris Weller, 〈Strategy+Business〉, 2018.8.27)

5. "How Millennials Want to Work and Live: The six big changes leaders have to make"(Gallup, Inc., 2016)

6. "Using neuroscience to make feedback work and feel better"(David Rock, Beth Jones, and Chris Weller, 〈Strategy+Business〉, 2018.8.27)

7. "What Makes Teams Smart (or Dumb)" (Cass Sunstein, 〈Harvard Business Review〉, 2014.12.18(https://hbr.org/ideacast/2014/12/what-makes-teams-smart-or-dumb.html)). 좀 더 상세한 내용은 선스타인 교수가 리드 헤이스티(Reid Hastie)와 함께 쓴《와이저(Wiser): Getting beyond groupthink to make groups smarter》를 참조.

8. 긍정탐구에 대한 내용은 필자가 기고한 다음의 글에서 가져왔다. "누구나 강점은 있다. 문제 해결? 강점 찾기가 먼저다"(김호, 〈동아비즈니스리뷰〉, Issue 2, No. 207, 2016.8. pp. 130-133)

9. 《Humble Inquiry: The gentle art of asking instead of telling》(Edgar H. Schein, Berrett-Koehler Publishers, 2013)

10. "If two people have the same opinion, one is unnecessary. … I don't want to talk, to communicate, with someone who agrees with me; I want to communicate with you because you see it differently. I value that difference."

11. 컨버선트(Conversant) 회사의 홈페이지에 가면 이 모델을 볼 수 있다(https://www.conversant.com/resources/tools/conversation-meter/).

12. 성서 시편에 대한 번역은 여러 가지가 있는데 여기에서는 최민순이 옮긴 것을 인용했다.

13. 최원오 교수와의 만남과 관련된 글은 내가 한겨레에 기고했던 글에서 가져온 것이다. "내 삶의 유통기한을 안다는 것"('김호의 시, 시편 90편 12절', 〈한겨레〉, 2016.6.10)

14. 《Predictable Surprises: The disasters you should have seen coming and how to prevent them》(Max H. Bazerman and Michael D. Watkins, Harvard Business School, 2004, p.175)

15. "[취재파일] 사망 신생아 아버지 '병원 측, 직접 사과한 적 없어'"(〈SBS 뉴스〉, 2017.12.20(https://news.sbs.co.kr/news/endPage.do?news_id=N1004538345&plink=ORI&cooper=NAVER&plink=COPYPASTE&cooper=SBSNEWSEND))

16. "[현장영상] 유가족 항의 '언론이 먼저인가' … 이대목동병원 '진심으로 사죄'"(〈YTN 뉴스〉, 2017.12.17(https://www.ytn.co.kr/_ln/0103_20171 2171425506226))

17. 이 사례에 대해서는 칼럼 "평소에 리더와 조직문제 토론하나요? 위기관리 가능하게 '상황'을 바꿔야"(김호, 〈동아비즈니스리뷰〉, Issue 2, No. 263, 2018.12)에서 다루었으며, 그 내용을 여기에 맞게 옮긴 것이다.

18. Borwick, "Team improvement laboratory", 〈Personnel Journal〉, 1969.1, pp.18-24

19. "[장강명 칼럼] 한국어에 불만 있다"(장강명, 〈한국일보〉, 2017.10.12)

20. 이 결과는 마셜 골드스미스의 "Triggers: Becoming the person you want to be" 동영상에서 볼 수 있다(https://www.youtube.com/watch?v=LInGemfSBZU).

그렇게 물어보면 원하는 답을 들을 수 없습니다

초판 1쇄 발행 2019년 9월 10일 **초판 12쇄 발행** 2023년 11월 7일

지은이 김호
펴낸이 이승현

편집1 본부장 한수미
와이즈 팀장 장보라

펴낸곳 ㈜위즈덤하우스 **출판등록** 2000년 5월 23일 제13-1071호
주소 서울특별시 마포구 양화로 19 합정오피스빌딩 17층
전화 02) 2179-5600 **홈페이지** www.wisdomhouse.co.kr

ISBN 979-11-90305-29-7 03190